NOUVEAU GUIDE

DE

L'ÉTRANGER A BORDEAUX

NOUVEAU GUIDE

DE

L'ÉTRANGER A BORDEAUX

contenant

TOUS LES RENSEIGNEMENTS UTILES AU VOYAGEUR

LA DESCRIPTION DES MONUMENTS ET CURIOSITÉS

LA LISTE COMPLÈTE DES RUES, PLACES ET AUTRES VOIES PUBLIQUES DE LA VILLE

DES EXCURSIONS A LIBOURNE, DANS LE MÉDOC. A LA RÉOLE

A ARCACHON ET A ROYAN

Par L. D.

———◆◆◆———

NOUVELLE ÉDITION

ORNÉE DE QUATRE GRAVURES ET D'UN PLAN DE BORDEAUX

———◆◆◆———

BORDEAUX

P. CHAUMAS, LIBRAIRE-ÉDITEUR

Cours du Chapeau-Rouge, 34.

1870

BUT

ET

DIVISION DE L'OUVRAGE

――――~~~~――――

En publiant ce nouveau résumé du Guide historique et archéologique complet, que nous avons fait paraître en 1856 et qui est aujourd'hui à peu près épuisé, — résumé que nous avons rectifié, augmenté et mis au courant des progrès réalisés jusqu'à ce jour, — notre but est d'offrir à l'étranger qui vient visiter la ville de Bordeaux et les principales localités de la Gironde, un livre portatif, d'un prix modéré, contenant toutes les indications utiles au voyageur et lui faisant connaître d'une manière succincte, mais avec précision et vérité, toutes les choses dignes d'attirer son attention.

Notre travail est divisé en cinq parties, dont voici la nomenclature :

PREMIÈRE PARTIE

DEUXIÈME PARTIE

RENSEIGNEMENTS DIVERS

TROISIÈME PARTIE

QUATRIÈME PARTIE

CINQUIÈME PARTIE

EXCURSIONS

Une *Table des Matières,* dressée par ordre alphabétique pour mieux faciliter les recherches, est placée à la fin du volume, auquel est joint un plan récemment revu avec le plus grand soin, et qui ne laisse rien à désirer sous le rapport de la clarté et de l'exactitude.

Le voyageur et l'étranger trouveront donc, dans ce petit livre, tout ce dont ils peuvent avoir besoin pour se guider eux-mêmes et sans le secours de personne, non-seulement dans la grande et belle ville dont nous avons entrepris de leur faire les honneurs, mais encore dans toutes les localités du département de la Gironde dignes d'un certain intérêt, et même jusqu'à Mortagne, Royan, La Tour de Cordouan, La Tremblade, etc., situés dans le département de la Charente-Inférieure.

L'accueil favorable dont notre Guide a été l'objet dès les premiers jours de sa publication, et la préférence constamment accordée aux diverses éditions et aux nombreux tirages qui se sont succédé depuis quinze ans, nous donnent la certitude que ce livre remplit parfaitement le but utile auquel il est destiné ; le soin avec lequel cette nouvelle édition a été revue, corrigée, augmentée, et les nombreuses additions que nous y avons faites, la rendent, plus encore que ses devancières, digne du public, auquel nous l'offrons, dès lors, avec la plus entière confiance.

PREMIÈRE PARTIE

I.

RÉSUMÉ DE L'HISTOIRE DE BORDEAUX

A l'époque de l'invasion des Romains, la population de l'Aquitaine, selon les historiens romains, présentait un caractère fort différent des autres races d'hommes qui occupaient les Gaules. Elle était issue d'un mélange d'aborigènes gaulois, refoulés vers les côtes occidentales de l'Atlantique par l'invasion des Celtes, de tribus celtiques conquérantes, et d'Espagnols originaires du pied méridional des Pyrénées. De la grande famille celtique du centre, se détachèrent des *Bituriges*, qui vinrent sur les bords de la Garonne former une colonie, qui prit le surnom de *Vivisci*.

L'organisation sociale de l'Aquitaine pourrait se comparer à celle que les clans galliques de l'Écosse et de l'Irlande ont conservée jusqu'à nos jours. Les tribus aquitaniques étaient de grandes familles, obéissant à un chef héréditaire, et formant, par leur confédération, une communauté dont la direction était confiée à un magistrat suprême, électif et limité dans son autorité.

La cité des Bituriges-Vivisques *(Burs-Wall)* fut d'abord respectée par les légions de César. Une grande

partie des Gaules était sous le joug, que Burs-Wall et
son territoire jouissaient encore de toute leur indépen-
dance. Pourtant l'heure de la conquête arriva. Cette
conquête fut longue et difficile, grâce à la valeur et à
l'habileté des aborigènes, et aux secours qu'ils trou-
vèrent chez les Ibères, avec lesquels ils s'étaient alliés.
Elle coûta la vie à un des lieutenants de César, Pré-
conius, et la honte d'une défaite à l'un des proconsuls
de Rome, Manilius, lequel fut délogé de ses positions
et obligé de fuir. Mais Grassus et Messala furent plus
heureux et s'en rendirent maîtres. Burs-Wall, dès lors,
perdit sa dénomination barbare, ou du moins les
vainqueurs, en la latinisant, la modifièrent et la chan-
gèrent en celle de *Burdigala*, écrit quelquefois *Burdi-
cala*, *Burdegala* ou *Burdecala;* d'où, par une suite de
transformations successives, Bordeaux.

En changeant de maître, Burs-Wall ne perdit point
sa prospérité matérielle. Strabon, qui parle de *Burdigala,* dans ses livres de géographie, l'appelait déjà un
emporium (marché) *célèbre;* et Auguste, à son avéne-
ment (28 ans avant Jésus-Christ), la traitait comme
une ville de premier ordre, en lui laissant le droit
d'élire ses magistrats (consuls décurions), et la faculté
de se gouverner elle-même, sous le bon plaisir du pré-
teur romain. Au 1er siècle de l'ère chrétienne (16) Ger-
manicus y faisait le démembrement des provinces
gallo-romaines. Au IIe siècle, sous Adrien, qui la visita,
elle devenait la métropole de la seconde Aquitaine.

Sous la domination romaine, Bordeaux parvint à un
haut degré de splendeur, qui nous est attesté par des
restes où des traces de monuments importants, et par
les descriptions du poëte Ausone. Plusieurs voies

romaines traversèrent les forêts qui entouraient Bordeaux ; on remarquait notamment :

1° Celle de Bordeaux à Milan ;

2° Celle de Bordeaux à Agen ;

3° Celle de Bordeaux à Saintes ;

4° Celle de Bordeaux à Bayonne et l'Espagne, divisée en deux branches, l'une allant directement à Dax et l'autre passant par *Boïos* (la Teste de Buch) ;

5° Celle de Bordeaux à Périgueux.

Des aqueducs conduisaient, sur plusieurs points, des eaux abondantes, prises à Léognan et à Villenave, et traversaient les plaines sur des lignes majestueuses d'arcades.

Bordeaux avait, en outre, élevé des monuments pour les plaisirs, et des temples pour la piété ; les Arènes, dont nous parlerons plus tard, et dont nous ferons admirer au voyageur un arc encore fort imposant ; le Temple de Tutelle, aujourd'hui détruit, mais bien connu par les dessins de l'architecte Perrault, au milieu duquel s'élevait un autel apprenant que le monument était élevé à Auguste et au génie tutélaire de la cité. Quel était ce génie ? L'antique *Dus* des Gaulois, peut-être, personnifié dans la fontaine *Dujona*, qui devint plus tard *d'Audége*, d'où *Fondaudége*, et dont le culte matériel fut plus tard transformé et transporté à la fontaine Figuercau.

D'autres temples s'élevaient, des débris l'attestent, à Jupiter, à Mercure ; des établissements de bains avaient été formés sur divers points, notamment à l'angle de la rue des Remparts et des Trois-Conils. Près la rue Ségalier, les cimetières de Terre-Nègre et des allées Damour ont fourni des objets curieux d'antiquité.

Tel était l'état de Bordeaux lorsque, saisis d'effroi à l'approche des Francs, ses habitants se hâtèrent d'élever des murailles ; mais les monuments étaient trop distants pour qu'il fût possible de les protéger tous ; la population s'était assise trop au large pour qu'il fût possible de tout défendre. On sacrifia donc une partie considérable pour sauver le plus précieux ; et comme les matériaux manquaient, des monuments déjà élevés, des sépultures, furent renversés et servirent à la construction des remparts.

En 253, une bande de Francs, profitant de l'imprévoyance de Gallien, passa le Rhin, traversa la Gaule dans toute sa longueur, au milieu du sang et des ruines, et franchit les Pyrénées. La Gaule fit retomber l'accusation de son malheur sur l'incapacité de l'empereur ; elle se souleva, et entraîna dans sa révolte les légions qui accouraient trop tard pour la défendre. Trente compétiteurs reçurent et s'arrachèrent l'un l'autre la pourpre impériale. Tetricus (Pesuvius), qui déjà avait été consul, fut élu par les légions du Midi, et revêtit la pourpre, à Bordeaux, en 268. Il régna six ou sept ans sur les Gaules, l'Espagne et la Bretagne, pendant que Claude II régnait sur le reste de l'empire. Mais plutôt que de régner au gré d'une soldatesque effrénée, il se livra à son rival, Aurélien (275), dont il orna le triomphe à Rome : on vit le costume gaulois traîné dans les rues et attaché au char du vainqueur.

Ainsi arrivait pour l'Aquitaine, comme pour le reste de l'Occident, l'ère des bouleversements. Plus heureuse que l'Italie, la Gaule avait ouvert un asile au culte des lettres et des arts, chassés par les révolutions ; et Bordeaux, parmi toutes les villes de la Gaule, brillait par l'accueil qu'elle avait su faire à de nombreux savants venus d'Athènes et de Corinthe. Ils payèrent avec largesse cette hospitalité, par les leçons qu'ils firent entendre, et dont Ausone a recueilli un écho encore retentissant.

Pendant ce temps, le christianisme avait pénétré dans l'Aquitaine; les riches l'accueillaient avec une indifférence dont le scepticisme d'Ausone peut donner une idée; mais les classes inférieures y trouvaient une morale consolante, qui est toujours une compensation aux douleurs de la vie. Mais l'hérésie vint mêler ses discordes aux charmes des lettres : vers la fin du IVe siècle, l'hérésie de l'espagnol Priscillien, doctrine mystique, composée d'un mélange de dogmes gnostiques et manichéens, s'était introduite dans le midi de la Gaule, où elle comptait parmi ses plus zélés sectateurs Delphidius, rhéteur bordelais, célèbre dans ce temps par son éloquence; Euchrocia, sa femme; Rocula, sa fille, ainsi qu'un grand nombre de nobles matrones et de sénateurs; car on donnait alors ce nom à ceux dont les pères avaient rempli des fonctions publiques, et, en général, aux hommes riches et influents.

Malgré les anathèmes d'un concile, assemblé à Saragosse, pour soutenir l'orthodoxie, le priscillianisme fit, en peu d'années, des progrès rapides; les catholiques eurent recours alors au bras séculier. Maxime, nouvellement proclamé empereur par les légions de Bretagne, venait d'arriver à Trèves, à la sollicitation des évêques orthodoxes; il convoqua à Bordeaux un second concile, où Priscillien et ses fauteurs furent de nouveau condamnés. Ce Maxime est le même qui, ayant passé les Alpes quelques mois plus tard, se déclara le

protecteur du paganisme, et fit espérer à la ville de
Rome, plus attachée que le reste de l'empire à ses dieux
si poétiques, la restauration de ses autels. Des tor-
rents de sang furent répandus dans les persécutions
contre le priscillianisme. L'histoire a conservé le nom
d'une noble matrone, Urbica, accusée de partager les
opinions de cette secte, et qui fut lapidée par la popu-
lace de Bordeaux, après des outrages sans nombre ;
elle a désigné aussi aux respects de la postérité le nom
de deux prêtres catholiques, Ambroise et Martin, qui
prirent courageusement la défense des priscillianistes,
et refusèrent de communiquer avec les évêques qui
s'étaient souillés du sang de ce malheureux.

Au milieu de ce luxe, de ces richesses, de ces discussions théologiques ; les Aquitains avaient perdu
leurs vertus guerrières ; leurs âmes s'étaient amollies
comme leurs mœurs, et ce fut presque sans coup férir
que les Vandales pénétrèrent à *Burdigala* (412). Sous
la conduite d'Ataulfe, ils égorgèrent ses habitants, in-
cendièrent ses édifices, et dispersèrent, sous le souffle
brutal des tempêtes qu'ils déchaînaient autour d'eux,
toutes les splendeurs dont s'enorgueillissait cette cité,
la veille encore si brillante.

Sous le règne d'Honorius, les Visigoths, auxquels cet
empereur avait, par faiblesse, abandonné l'Aquitaine,
en chassèrent les Vandales et finirent par s'en empa-
rer (466). Mais le royaume qu'Ataulfe, un de leurs
chefs, fonda dans la Gaule méridionale, avait *Tolosa*
pour capitale ; et *Burdigala* resta au second rang.

Bientôt, il est vrai, la défaite d'Alaric, successeur
d'Ataulfe, écrasé par Clovis dans les champs de Vau-
clades, remplaça les Visigoths par les Francs, et alors

l'Aquitaine respira sous cette domination plus clé-
mente. Mais à la mort du fondateur de la monarchie
française (511), Bordeaux et sa province devinrent pour
longtemps la proie des révolutions suscitées par les
mutuelles rivalités de ses indignes descendants. Ce ne
fut qu'au viie siècle que, profitant du désordre insépa-
rable de ces querelles, l'Aquitaine put se soustraire à
une destinée aussi précaire, et s'érigea en un état particulier, dont les chefs, reconnaissant à demi la suze-
raineté de la France, prirent le titre de ducs (668). Le
premier de ces nouveaux souverains, fut un nommé
Loup, qui eut pour successeur Eudes, lequel guerroya
dix ans contre les Maures d'Espagne, et contribua plus
tard à la victoire que Charles Martel remporta sur
Abd-er-Rhaman, entre Tours et Poitiers. Les derniers
d'entre eux furent Waiffre et Hunald, qui résistèrent
d'abord, avec autant de courage que de persévérance,
aux envahissements de Pépin et de Charlemagne, mais
qui, finalement, abandonnés de leurs sujets, reçurent
de la main des traîtres, ou de celle de leurs ennemis,
une mort misérable.

Charlemagne fit de l'Aquitaine ce que Clovis en avait
fait, un royaume dépendant de son empire. Bordeaux
commença, dès lors, à reconquérir son ancienne puissance. Ses murailles furent relevées, ses monuments
reconstruits; les lettres et les arts y refleurirent; le
commerce y reprit son essor. Malheureusement, le sort
qu'il avait éprouvé déjà sous les successeurs de Clovis,
l'attendait encore sous les héritiers de l'empereur. Les
mêmes divisions intestines amenèrent les mêmes désas-
tres, auxquels il faut ajouter les maux dont l'accablèrent
les hordes normandes. Au ixe siècle, la ville fut encore

pillée et saccagée, comme elle l'avait été quatre cents ans auparavant par les Vandales.

Charles le Chauve fit de vains efforts pour repousser les Barbares. Ils avaient été appelés, dès l'origine, par son neveu, Pepin II, cherchant des vengeurs de l'usurpation de sa souveraineté en Aquitaine. Pour les chasser, Charles II refit un duché de cette province, et en investit (845) Ramulphe Ier, de la famille des comtes de Poitiers. Tactique impuissante ! Ramulphe fut tué (867) en Anjou par ces mêmes Normands qu'il devait écraser ; et plus tard, lorsqu'on eut acheté, au prix de grosses sommes d'argent, leur retraite, comme si la Providence avait voulu punir la spoliation exercée sur Pepin II, le duché de Ramulphe échut en partage à des seigneurs qui se révoltèrent contre le roi de France, et finirent par convertir leur fief en un domaine héréditaire. De ces seigneurs, nous ne dirons rien. Les plus illustres d'entre eux ont été les comtes du Poitou. Nous nous bornerons à rappeler que le dernier de ces ducs fut Guillaume, qui mourut en pèlerinage à Saint-Jacques de Compostelle (1137), et qui légua, à sa fille Aliénor, un pays dont la possession devait être, pendant trois siècles, un sujet de querelle ou de guerre entre l'Angleterre et la France.

Suivant la volonté exprimée par Guillaume, dans son testament, Aliénor épousa le fils de Louis VI, roi de France, Louis le Jeune, qui, la même année, occupa seul le trône qu'il avait partagé pendant quelque temps avec son père. Son mariage fut célébré en grande pompe à Bordeaux, dans la cathédrale de Saint-André, le 2 août 1137. Ce jour-là, l'antique cité put rêver l'oubli de ses maux. L'héritière de son dernier duc était née à Belin, dans le voisinage, et porterait sans doute au pays où elle avait vu le jour un vif intérêt. Elle devenait la reine d'une nation puissante, dont elle augmentait considérablement la fortune. Hélas! quinze ans après, Louis VII répudiait sa royale épouse (1152), et lui rendait les provinces qu'elle avait apportées en dot. Quelques mois plus tard, Aliénor s'unissait au Plantagenet qui allait régner sur l'Angleterre, sous le nom de Henri II. Presque aussitôt la discorde éclatait entre les deux puissances.

Nous n'aborderons pas dans tous ses détails le récit des luttes qui ensanglantèrent si longtemps l'Aquitaine, à partir de cette désastreuse époque. Bordeaux en souffrit, sans doute. Sans parler des dissensions intestines qui éclatèrent autour de ses murs, et que facilitaient les discussions incessantes du feudataire avec son suzerain, de l'Angleterre avec la France, son territoire fut ravagé ou envahi par Philippe-Auguste et par Louis VIII, par saint Louis, par Philippe le Bel, par Charles V, et, enfin, par les troupes de Charles VII *le Victorieux*.

Toutefois, il est vraisemblable que Bordeaux luimême n'éprouva pas, en définitive, de grands dommages. Séduits par les magnificences d'un lieu où ils projetaient sans cesse de fixer leur résidence, les rois d'Angleterre se plurent à embellir la future capitale de leurs états de terre ferme. Ils en agrandirent l'enceinte, y construisirent plusieurs édifices, et la fortifièrent. Aliénor y avait parfois habité; digne héritière de Guillaume VII, elle y avait peut-être présidé quelques-unes de ces assemblées fameuses, où l'on discourait d'amour et de poésie. Richard Cœur-de-Lion y séjourna pendant

un certain temps, avant d'aller combattre une coalition
de seigneurs qui voulaient proclamer leur indépen-
dance. Henri III, sous lequel la province perdit son ancien nom pour prendre celui de Guienne, s'y fixa, et
son règne y fut marqué par des fêtes splendides et par
des prodigalités incroyables. Les Édouard la comblè-
rent aussi de bienfaits; et, sous le dernier d'entre eux,
Édouard III, le prince de Galles, dit le *Prince-Noir*, en
faveur duquel on avait érigé le duché en principauté,
y tint sa cour brillante et chevaleresque. Cette ville, en
un mot, fut constamment un objet de prédilection pour
les princes étrangers qui la possédèrent. En retour.
plus que toute autre, elle s'attacha à leur fortune; on
la vit, épuisée d'hommes et d'argent, sous les règnes
odieux d'Henri V et d'Henri VI, repousser, de toutes
es forces qui lui restaient, la domination des rois de
France.

« Charles VII, après avoir chassé les Anglais de la
Normandie, voulut aussi leur enlever la Guienne : Fronsac, Blaye, Dax et La Roche-Guyon, furent les premières villes qui tombèrent en son pouvoir. Le comte de
Dunois vint ensuite mettre le siége devant Bordeaux.
Cette ville n'était pas en état de soutenir un long siége;
elle trembla à la vue des Français, se soumit et ouvrit
ses portes. Dunois en prit possession, au nom du roi.
l'an 1451. Le traité fut signé à Fronsac, le 15 juin; il
laissait à Bordeaux tous ses priviléges; ce qui n'empêcha
pas cette ville de se révolter l'année suivante; le reste
de la Guienne suivit son exemple; et Talbot, l'un des
meilleurs généraux que l'Angleterre eût alors, y fut
envoyé avec des troupes; mais il fut vaincu devant
Castillon. Toute la Guienne rentra alors dans l'obéis-

sance, et Charles VII arriva bientôt en personne devant Bordeaux ; il l'investit par terre, tandis que des vaisseaux, stationnés à l'entrée de la Gironde, interceptaient tous les convois et arrêtaient tous les secours. Les bourgeois révoltés ne furent pas intimidés de tous ces préparatifs. Ils étaient commandés par un habile officier anglais, et avaient une garnison de quatre mille hommes, qui avaient fait avec Talbot l'apprentissage de la guerre. Pour enlever aux soldats tout espoir de retraite, on coupa tous les cordages, on dégréa tous les vaisseaux qui se trouvaient dans le port. Bientôt le feu de l'artillerie vint apprendre aux Bordelais, en détruisant leurs remparts, que tout espoir de résister était perdu pour eux. Cent députés furent alors envoyés au roi ; ils offrirent de rester sous son obéissance, à condition de conserver intacts leurs vies et leurs biens ; mais Charles leur signifia qu'ils pouvaient se retirer ; que son intention était de se rendre maître de la ville et d'en avoir tous les habitants à discrétion, afin que son peuple servît d'exemple aux siècles à venir. » Cette réponse consterna les députés ; et Jean Bareau, grand-maître de l'artillerie, augmenta encore leur terreur, en annonçant que sous peu de jours il espérait réduire la ville en cendres, par le moyen de ses *engins volants*. C'étaient de nouvelles bombes inventées par cet habile officier. Les Bordelais se rendirent alors à discrétion ; ils payèrent une amende de 10,000 marcs d'argent, perdirent leurs priviléges, prêtèrent un nouveau serment et firent sortir la garnison anglaise. Cependant Charles VII montra de la clémence ; il remit aux Bordelais une partie de leur amende, et, par cette conduite pleine de douceur, s'attacha tellement la Guienne, que

depuis ce moment elle n'entretint plus aucune corres-
pondance avec les ennemis de l'État. Cette seconde
conquête réunit définitivement à la France cette province, qui, depuis trois cents ans, appartenait aux
Anglais.

Afin d'ôter, en outre, aux Bordelais, toute idée de révolte, Charles VII fit bâtir, au nord et au sud de la
ville, des forts qui la dominaient : le fort Tropeyte.
plus tard Trompette, au nord ; le fort du Far, plus tard
du Hà, au sud.

Louis XI fit mieux encore. Sous lui, la cité reprit
tous ses anciens droits ; elle releva son Université.
fondée en 1444 par une bulle d'Eugène IV, devint le
siége d'un Parlement (1462), et se vit concéder des
lettres-patentes (1474) en vertu desquelles tout étranger venant se fixer à Bordeaux était sûr d'y avoir de
grands priviléges.

A partir de ce moment, cette ville commença à se
relever, quoique lentement, des malheurs qui l'avaient
frappée. Mais ce fut surtout le règne de François Ier
qui la fit sortir de sa torpeur et de son marasme. Les
qualités comme les défauts de ce roi semblaient s'accorder avec le caractère des Aquitains ; aussi un bril-
lant essor fut-il donné à la capitale de la Guienne. On
y sentit renaître le goût des arts, des lettres et des
sciences ; son Académie revit les beaux jours du
IVe siècle, et put s'enorgueillir de professeurs fameux :
Govéa, Muret, Buchanan, Scaliger. Vinet, qui, s'ils
n'eurent pas, comme Ausone, l'honneur de faire l'édu-
cation d'un prince, purent se glorifier d'avoir eu pour
disciple l'illustre Montaigne. Ses temples furent em-
bellis par des artistes formés aux écoles d'Italie. alors

si célèbres. Elle reçut dans ses murs François Iᵉʳ, qui lui accorda les bienfaits de plusieurs réformes, et elle eut pour gouverneur Henri d'Albret (1), roi de Navarre, qui fut l'époux de Marguerite de Valois, et le grand-père de Henri IV; celui dont Charles-Quint disait que c'était le seul homme qu'il eût vu en France. Pourquoi faut-il que l'histoire de Bordeaux présente, à dater du même règne, les désordres de la gabelle et les premières rigueurs exercées contre les religionnaires?

« Lors de l'établissement de la gabelle, en 1548, les habitants de Bordeaux prirent les armes pour défendre leurs priviléges, qu'ils croyaient violés par cet impôt; ils s'emparèrent de l'Hôtel de ville, mirent les magistrats en fuite et massacrèrent le lieutenant du gouverneur, Tristan de Monneins; mais bientôt les autorités de la province revinrent avec des forces supérieures; les séditieux furent vaincus, les plus coupables livrés au supplice; tout était rentré dans l'ordre, lorsque le roi Henri II fut instruit de ces tristes événements. Ce résultat ne parut pas suffire à ce prince; il crut avoir encore quelque chose à faire. La justice était satisfaite, mais sa vengeance ne l'était pas. Il envoya contre Bordeaux une armée commandée par le connétable de Montmorency. Cette malheureuse ville, qui ne fit au-

---

(1) Quarante-sept paroisses, situées dans l'arrondissement de La Réole, durent à Henri d'Albret leur prospérité. De 1524 à 1527, leur territoire avait été dépeuplé par la peste; Henri d'Albret y appela des cultivateurs de la Saintonge, de l'Angoumois et de l'Anjou. Ce sont les descendants de ces anciens colons qui sont, encore aujourd'hui, appelés, dans le pays, des *Gavaches,* du mot celtique *Gau-ac,* répondant en latin à *Pagani,* en vieux français à *Vilains.*

cune résistance, fut traitée comme une place prise d'assaut. Les portes étaient ouvertes, et l'armée entra par une brèche! Les habitants furent désarmés, et un tribunal, qui accompagnait le connétable, condamna, de dix en dix maisons, un bourgeois à être pendu, et fit exécuter tous les magistrats sur la place publique. »

Les jurats et cent vingt notables furent condamnés à déterrer avec leurs ongles le corps de l'infortuné Monneins, pour lui rendre ensuite les devoir funèbres; les priviléges de la ville, lacérés par la main du bourreau, devinrent la proie des flammes; le Parlement fut mis en interdit; on imposa sur Bordeaux une contribution de guerre de 200,000 livres; les habitants furent, de plus, condamnés à entretenir et à ravitailler les châteaux destinés à les contenir; ils furent aussi chargés de l'entretien de deux galères, dont on se servirait contre eux en cas de besoin. Il fut statué que l'Hôtel de ville serait rasé et remplacé par une chapelle expiatoire; les cloches, qui avaient donné le signal de la révolte, durent être descendues, brisées et fondues. Tout porta sa peine, jusqu'aux êtres insensibles... Ajoutons encore un mot; on cessera de s'étonner de l'atrocité d'une vengeance confiée à de pareilles mains : le juré Lestonnat était condamné à avoir la tête tranchée; sa femme, d'une rare beauté, vient se jeter aux pieds du connétable et demander la grâce de son époux. Montmorency la promet à une condition qui ne peut se dire, et que l'infortunée crut devoir accorder... Le monstre déshonora la femme au moment même où il faisait tomber la tête du mari !

A Bordeaux, ainsi qu'à Libourne, les troubles suscités par la gabelle furent suivis de rigueurs exercées

.contre les calvinistes. Malgré toutes les précautions qu'avaient prises le pouvoir royal et le Parlement, la Réforme avait insensiblement recruté d'assez nombreux prosélytes dans la capitale de la Guienne ; et, vers le milieu du XVIᵉ siècle, elle avait fini par se montrer au grand jour. Aussitôt, elle fut rigoureusement combattue ; ses partisans furent affreusement persécutés. On se rappelle la mort effroyable de Jean Decazes et d'Arnaud Monnier. Ces malheureux jeunes gens n'étaient pas les premiers martyrs de la foi nouvelle. L'inquisition avait été établie dans la province, sous François 1ᵉʳ. Sous Henri II, elle amena les auto-da-fé, qui commencèrent par le supplice de Bernard de Borda, pasteur protestant. Sous François II, les persécutions continuèrent. Sous Charles IX... il suffira de dire que ce Montluc, dont nous avons vu les soldats ravager Libourne, parcourait la province, assisté de deux bourreaux qu'il appelait ses *laquais*, faisant « à l'envi, comme dit Brantôme, à qui serait le plus cruel, de lui ou du baron des Adrets, » et que, trois mois environ après la Saint-Barthélemy (3 octobre 1572), le gouverneur de la ville, Montferrand, et le lieutenant du roi, Monpezat, donnèrent eux-mêmes le signal du massacre des religionnaires. Il y en eut deux cent soixante-quatre d'égorgés à Bordeaux, « et toutes les maisons suspectes de calvinisme furent, trois jours entiers, abandonnées au pillage. »

La Ligue suivit de près cette époque sanglante. Étrangers, pour la plupart, aux intrigues du parti des Guise, les Bordelais restèrent fidèles à Henri III. Parfois, quelques fanatiques essayèrent bien de révolutionner le pays ; mais la contenance ferme et résolue des membres du Parlement et du maréchal de Matignon, lieutenant-général de la province, suffit toujours à rétablir l'ordre. Grâce à cette attitude aussi, Henri IV fut reconnu sans de grandes difficultés dans la capitale du duché de Guienne, et son avènement au trône y fut même une occasion de réjouissances publiques, justifiées plus tard par la paix dont elle jouit sous le règne de ce monarque, et par sa prospérité, qui eût été plus grande encore, sans les terribles ravages de la famine et de la peste (1).

Cette prospérité, toutefois, et la paix dont elle était le fruit, cessèrent complétement à partir du jour où le poignard de Ravaillac démontra que le ressentiment de certaines discordes n'était pas éteint. Sous Louis XIII et pendant la minorité de Louis XIV, Bordeaux fut le théâtre de dissensions et de querelles interminables. Elles avaient éclaté déjà, lorsque le premier de ces rois vint recevoir la main de l'infante d'Espagne (1615) dans la cathédrale de Saint-André ; elles s'envenimèrent durant le gouvernement du duc d'Épernon le père ; car ce duc turbulent et superbe, insolent et avide de richesses, était peu propre à calmer les esprits, et sut se brouiller à la fois avec le Parlement, avec les magistrats et avec les habitants de toutes les villes placées sous son commandement. Enfin, ces querelles prirent le caractère d'une guerre civile, lorsque d'Épernon la Valette succéda à son père. On écrirait un volume à raconter les malheurs qui fondirent alors sur Bordeaux.

---

(1) La ville était alors bordée, à l'ouest, par des marais. Le cardinal de Sourdis, archevêque de Bordeaux à cette époque, les fit dessécher à ses frais.

Louis XIV était encore un enfant ; Mazarin, qui avait hérité de la toute-puissance de Richelieu, gouvernait despotiquement la France ; espérant avoir, dans le duc d'Épernon la Valette, un instrument docile, il le soutint de toute son autorité et lui donna ses pleins pouvoirs. On se rappelle ce qu'il en advint à Libourne ; ce fut pis encore à Bordeaux. Le Parlement y siégeait, et entretenait l'ardeur des citoyens, qui luttaient contre les actes arbitraires de leur gouverneur. D'autre part, les troupes du gouverneur occupaient le Château-Trompette, et, d'après ses ordres, tiraient sur la ville. Ce fort fut assiégé et pris par les habitants ; mais le conflit continuait. Un moment, la paix fut négociée et conclue (1649) ; mais elle l'était à peine, que, les mêmes causes subsistant, le parti des parlementaires se réveilla (1650), en changeant de nom et prenant celui de la Fronde (il y eut à Bordeaux la *Grande-Fronde* et la *Petite-Fronde*, et celle-ci s'appela l'*Ormée*, du nom de la place plantée d'ormes où ses chefs s'assemblaient). Ce fut alors que la princesse de Condé, dont le mari venait d'être arrêté, traversa la France et alla s'enfermer à Bordeaux, qui, par l'organe de son Parlement, la prit sous sa protection. Cette protection, ou, pour mieux dire, ses suites, devaient coûter assez cher aux habitants de cette cité. Une première fois, la cause qu'ils avaient embrassée ne leur fut pas très-funeste ; ils y gagnèrent, au contraire, puisque si, d'un côté, ils furent obligés d'ouvrir leurs portes au roi, de l'autre, ils obtinrent l'éloignement de d'Épernon. Mais à la seconde, lorsque la guerre se ralluma (1651), et qu'elle eut pour chef, en Guienne, le prince de Condé, qui venait d'en obtenir le gouvernement, cette guerre amena des risques

plus grands, et ne finit qu'à la suite d'un siége (1653)
qui faillit rappeler les souffrances et les privations
subies sous Charles VII. Il est vrai de dire, pourtant,
qu'à l'exemple de Charles VII, Louis XIV n'abusa pas
de la victoire, et que, dès que les troubles furent
apaisés, il ne songea qu'à en effacer les traces. On
aurait bien à lui reprocher la façon barbare dont il ré-
prima, en 1675, une émeute amenée par les impôts
sur le timbre, le tabac et l'étain, et les calamités qui
résultèrent pour la cité bordelaise, encore plus que
pour quelques autres, de la révocation de l'édit de
Nantes (1685); mais on peut opposer à ces tristes sou-
venirs les bienfaits dont il la combla, et qui furent pour
elle la source de sa fortune commerciale et de sa grandeur; car, en même temps qu'il prenait des mesures
générales dont elle profitait : droit pour la province
d'élire un des trois députés du commerce de France,
qu'il appelait tous les ans au sein du conseil qu'il avait
créé; bénéfice d'une certaine prime à tous les vaisseaux
de cent à deux cents tonneaux, construits dans les
ports français et destinés au commerce; percement du
canal du Languedoc; diminution du nombre des raffi-
neries d'outre-mer, etc., il lui accordait spécialement
(1673 et 1675) la franchise de tout droit pour les marchandises exportées de son port dans les colonies; il y
établissait un entrepôt de tabac, y instituait (1705 ou
1707), une Chambre de commerce, et faisait arriver
dans son voisinage des Flamands et des Hollandais,
dont l'expérience devait être mise à profit, pour le des-
séchement des marais improductifs ou nuisibles à la
santé publique.

Ces bienfaits, toutefois, ne se manifestèrent pas dans

Bordeaux sous la forme de monuments publics ou de constructions particulières en harmonie avec sa situation. Cette ville était riche, très-riche déjà, que ses rues étaient toujours tortueuses, ses maisons basses, irrégulières; et, pour voir changer son aspect, il faut arriver aux règnes de Louis XV et de Louis XVI.

Les plus beaux édifices, en effet, et surtout le plan général d'après lequel elle fut construite, sont l'œuvre d'un intendant de la Guienne sous Louis XV, de Louis-Urbain Aubert, marquis de Tourny, qui arriva le 31 août 1743 à Bordeaux. Il avait déjà occupé, dans le Limousin, les mêmes fonctions, et y avait donné pendant treize ans la preuve d'une très-haute capacité en matière administrative. Il aimait aussi les arts et les lettres, cultivait les sciences; enfin, dernière et suprême qualité : c'était un homme de bien.

A son arrivée dans le chef-lieu de sa résidence, M. de Tourny fut frappé du contraste qui existait entre l'aspect d'une ville décrépite et les magnificences du site où elle était assise. Il serait difficile aujourd'hui de concevoir jusqu'à quel point ce contraste était choquant. Les beautés de la nature sont toujours les mêmes; mais l'autre terme de comparaison a disparu. Toutefois, on pourra s'en faire une idée, en songeant que la vieille enceinte était encore dans le même état qu'aux temps de la domination anglaise; que des douves profondes en défendaient les murs, et que ses abords étaient rendus impraticables par des marais et des cloaques. Le nouvel intendant voulut remédier immédiatement à ces maux. Dès les premiers jours de son administration, il fit abattre une grande portion des remparts, combler les fossés, dessécher les terrains. Presque

aussitôt, et avec une rapidité incroyable, s'élevèrent,
d'une part, sur les bords du fleuve, l'hôtel de la
Douane, le palais de la Bourse et cette magnifique
façade du port, formée de plus de trois cents maisons,
toutes bâties sur le même plan ; d'un autre côté, dans
l'intérieur et autour des vieux quartiers, ou des quartiers projetés, on édifiait neuf portes de ville, dont cinq,
déjà existantes, furent refaites ; les quatre autres,
parmi lesquelles on remarque celle dite de Bourgogne,
furent bâties à neuf ; on ouvrait en même temps deux
promenades et plusieurs places publiques, qu'ornèrent
sept fontaines ; on perçait dix grandes rues ; on recons-
truisit l'hôtel de l'Intendance, ainsi que l'église qui y
était attenante et qu'un incendie avait consumée ; on
plantait, enfin, six cours ou boulevards magnifiques,
qui délimitaient le circuit de la cité à venir ; sans parler
des façades des allées, appelées depuis allées de Tourny,
de la place du Marché-Royal (aujourd'hui place du Parlement) et plusieurs autres, faciles à reconnaître par
leurs toits à mansardes et leurs arcades ornées d'un
mascaron à la clef.

Après la retraite de M. de Tourny (1758), à la fin du
XVIIIᵉ siècle, Bordeaux, qui avait pris le goût des belles
constructions, continua de s'embellir ; le duc de Richelieu, qui gouvernait la province, dota le chef-lieu d'un
magnifique théâtre, encore l'un des plus somptueux de
l'Europe. Il avait appelé à cet effet l'architecte Louis.
De riches particuliers, profitant de la présence à Bordeaux de cet artiste, firent édifier les somptueux hôtels
de la rue des fossés du Chapeau-Rouge et de la place
Richelieu ; le prince de Rohan-Guéménée, alors archevêque de Bordeaux, fit élever à son tour le palais

devenu aujourd'hui l'hôtel de ville ; on bâtit le Théâtre-Français ; on transforma l'ancien séminaire en hôtel des Monnaies ; on commença à construire le quai des Chartrons, dont les maisons opulentes et les vastes magasins sont le principal siége du commerce.

Plus tard, on ouvrit, entre les allées et le cours de Tourny, la place des Grands-Hommes ; l'ingénieur Deschamps jeta sur la rivière un pont, qui est un des ouvrages les plus merveilleux de France ; on planta, sur les ruines du Château-Trompette, la superbe promenade appelée *les Quinconces* ; on édifia à neuf l'hôpital Saint-André, hôpital modèle, qui offre, mis en pratique, les derniers progrès de la science ; en face, quelques années plus tard, un nouveau Palais de Justice est venu compléter la décoration de la place d'Armes ; sur les derrières du Palais de Justice, les Prisons, et, à leur suite, la Caserne de gendarmerie.

De nos jours, Bordeaux est devenu la tête des chemins de fer d'Orléans et Paris, de Bayonne et l'Espagne, de Cette et Marseille, et tout récemment de la ligne du Médoc. Plusieurs belles et larges voies ont été ouvertes, telles que les rues Vital-Carles, Duffour-Dubergier, Castéja, Buhan, Ravez, du Peugue et Saint-Sernin, les boulevards de ceinture, le cours de l'Impératrice, etc. Les allées de Tourny, la place Dauphine, la place d'Armes, la place de la Bourse, ont été restaurées et embellies. On a construit l'église Saint-Ferdinand, réédifié les beaux clochers de Saint-Michel et Saint-Eulalie, réparé et isolé ces églises, ainsi que la cathédrale Saint-André. Le Grand-Marché et le marché des Grands-Hommes ont été refaits à neuf et considérablement agrandis ; on a rebâti avec magnificence l'institution impériale des Sourdes-Muettes; l'hôtel des Archives départementales et le palais du Cardinal-archevêque viennent d'être achevés; l'hôtel de la Préfecture a été encore agrandi, l'hôtel de la Bourse terminé, et chaque jour de nouvelles constructions s'élèvent, de nouveaux embellissements s'exécutent ou se préparent.

Bordeaux tend ainsi à devenir prochainement, si elle ne l'est déjà, la seconde ville de France.

II.

STATISTIQUE

Géographie. — Bordeaux est situé à 44 degrés 50 minutes 45 secondes de latitude septentrionale, et à 2 degrés 54 minutes 56 secondes de longitude occidentale, à compter du méridien de Paris. Sa distance de Paris est de 573 kilomètres, par la route ordinaire et 578 kilomètres par le chemin de fer. Elle est le chef-lieu du département de la Gironde, comprenant cinq cent quarante-sept communes, renfermées dans quarante-huit cantons et six arrondissements de sous-préfecture : Blaye, Libourne, La Réole, Bazas, Bordeaux et Lesparre.

Météorologie. — Il résulte des observations faites :

1° Que la température moyenne de Bordeaux est de 12° 5'.

2° Que la hauteur moyenne du baromètre est d'à peu près 761^{mm}24;

3° Enfin, que la quantité d'eau qui tombe annuellement, sous forme de pluie, est d'à peu près 0^{m}83^{c}.

Hydrographie. — Bordeaux est entouré d'eau de tous côtés : à l'est, par la Garonne ; à l'ouest et au sud, par les ruisseaux de la Devèze, du Peugue et de Bègles ; au nord, par ceux de l'Eau-Bourde et de la Jalle.

La Garonne, qui prend sa source en Espagne, au Val d'Arran, au pied des Pyrénées, traverse plusieurs départements, dont elle arrose les campagnes fertiles avant d'arriver devant Bordeaux ; elle continue sa route et s'unit à la Dordogne au Bec-d'Ambès, à 16 kilomètres au-dessous de la ville, pour former la Gironde, fleuve qui a donné son nom au département. La marée a lieu devant Bordeaux, et se fait sentir jusqu'à Langon ; l'eau monte environ cinq heures et descend environ sept heures, mouvements qui offrent un précieux avantage pour communiquer facilement avec le haut et le bas de la rivière.

Le ruisseau du Peugue (1) et celui de la Devèze (2), venant des Landes, traversent Bordeaux, à partir du boulevard du Tondu : le premier passe à côté de la Manufacture impériale des Tabacs, et le second longe le cimetière de la Chartreuse ; ils se réunissent à l'angle de la place Rohan et de la rue du Palais-de-Justice et vont se jeter dans la Garonne en suivant le grand égout construit sous la rue du Peugue.

Topographie. — Bordeaux est divisé en 12 arrondissements de police, 6 justices de paix et 46 quartiers, renfermant environ 25,000 maisons, 659 rues, 2 avenues, 5 allées, 6 boulevards, 1 cale, 18 chemins, 25 cours, 4 cités, 101 impasses, 23 passages, 63 places, 14 quais, 3 routes et 4 ruelles.

(1) De *pelagus*, rivière.
(2) Autrefois Devise, de *divitia*, richesse.

Bordeaux s'étend, dans sa plus grande dimension, sur le bord de la Garonne; la forme du fleuve, en arc de cercle sur ce point, a valu à son port le surnom de *Port de la Lune.*

La plus grande longueur de la ville, en suivant le cours du fleuve, depuis le boulevard Jean-Jacques-Bosc, au Pont de Brienne, jusqu'au passage de Lormont, est de près de 7,000 mètres; la plus grande largeur, de l'est à l'ouest, depuis l'extrémité du 12° arrondissement, en traversant la rivière, et suivant le cours du Chapeau-Rouge, le cours de l'Intendance, la rue Judaïque et le cours de l'Impératrice jusqu'au boulevard de Caudéran, est d'environ 4,000 mètres.

Population. — D'après Necker, Bordeaux avait :

En 1784. . . . . 104,000 habitants.
En 1820, il en avait. . 89,202
En 1832. 109,462
En 1847. 120,203
En 1852. 130,927
En 1862. 173,120

Actuellement, la population de Bordeaux est de 194,241 habitants, d'après le dénombrement fait en 1866 et rendu exécutoire à partir de 1867.

DEUXIÈME PARTIE

RENSEIGNEMENTS DIVERS

---∞∞∞∞---

1.

Hôtels et Restaurants. — Voitures publiques. — Bateaux à vapeur, — Chemins de fer. — Poste aux lettres. — Télégraphie électrique. — Changeurs de monnaies. — Bains publics.

Le premier soin du voyageur, à son arrivée, est de chercher un hôtel où il puisse descendre. Nous commençons donc par donner une liste des établissements de ce genre les plus recommandables de notre ville.

Hôtels et Restaurants.

Hotel de France, rue Esprit-des-Lois, 11.
Hotel Richelieu, cours de l'Intendance, 4.
Hotel de Paris, allées d'Orléans, 22.
Hotel des Princes et de la Paix, cours du Chapeau-Rouge, 40.
Hotel des Ambassadeurs, cours de l'Intendance, 14.
Hotel de Londres, allées d'Orléans, 34.
Hotel des Américains, rue de Condé, 4.
Hotel Lambert, rue Gobineau, 3.

HÔTEL MARIN ET DES COLONIES, rue Esprit-des-Lois, 23.

HÔTEL DES SEPT-FRÈRES ET DU MIDI, rue Porte-Dijeaux, 13.

HÔTEL DES QUATRE-SŒURS, cours du XXX-Juillet, 6.

HÔTEL DE NANTES, quai Louis-XVIII, 6.

HÔTEL ESPAGNOL, cours de Tourny, 50.

HÔTEL DES VOYAGEURS, rue du Pont-de-la-Mousque, 10.

HÔTEL DE LYON ET DES EMPEREURS, rue du Pont-de-la-Mousque, 32.

HÔTEL DU COMMERCE, place du Chapelet, 4.

HÔTEL DE BAYONNE, rue Mautrec, 20.

HÔTEL D'ORLÉANS, rue Mautrec, 13.

HÔTEL DU PÉRIGORD, rue Mautrec, 9.

HÔTEL MONTRÉ, rue Montesquieu, 4.

HÔTEL RIOM, rue Montesquieu, 3.

Tous ces hôtels ont des salles de restaurant, à la carte ou à prix fixe.

RESTAURANT DU CHAPON-FIN, rue Montesquieu, 7.

RESTAURANT LANTA, rue Montesquieu, 6.

RESTAURANT ANGLAIS, rue Esprit-des-Lois, 19.

RESTAURANT BONTOU, rue Porte-Dijeaux, 64.

Outre les principaux hôtels et restaurants que nous venons de désigner, il en existe une grande quantité d'autres, également très-fréquentés.

Voitures de place.

Par arrêté de M. le Maire de Bordeaux, du 20 juin 1854, le tarif du prix des courses des voitures de place, dans l'intérieur de la ville, a été fixé ainsi qu'il suit :

FIACRES ET CALÈCHES.

De 6 heures du matin à minuit, pour chaque course, 1 fr. 75 c.

A l'heure : La première, 2 fr. ; pour chacune des autres heures, 1 fr. 75 c.

De minuit à 6 heures du matin, pour chaque course, 1 fr. 75 c.

A l'heure : La première, 3 fr.; pour chacune des autres heures, 2 fr. 50 c.

Lieux de stationnement.—Place de la Bourse; cours du Jardin-Public; place Dauphine; cours du Chapeau-Rouge; pavé des Chartrons, quai des Chartons, entre les nᵒˢ 100 et 106; place Rohan, cours Napoléon, le long du Lycée, place d'Armes.

CITADINES OU COUPÉS.

De 6 heures du matin à minuit, pour chaque course, 1 fr. 50 c.

A l'heure : la première, 1 fr. 75 c.; pour chacune des autres heures, 1 fr. 50.

De minuit à 6 heures du matin, pour chaque course, 2 fr.

A l'heure : La première, 2 fr. 50 c,; pour chacune des autres heures, 2 fr. 25.

Lieux de stationnement. — Place Bourgogne, place d'Aquitaine, allées de Tourny; rue Esprit-des-Lois; rue de Condé; cours du Jardin-Public; quai des Chartrons, entre les nᵒˢ 70 et 80; cours d'Albret, le long du Palais de Justice.

Les voitures pourront être prises à la journée, qui sera de douze heures, sur lesquelles il en sera accordé deux aux cochers pour rafraîchir leurs chevaux. Prix de la journée, 15 fr.

La course à l'heure sera payable par fraction de quart d'heure, à l'exception de la première heure, qui sera toujours payée en entier.

COURSES HORS BARRIÈRES.

Par arrêté de M. le Préfet de la Gironde, du 29 juin 1854, le prix de la course pour conduire les voyageurs aux gares de Chemin de fer, en dehors du rayon de l'octroi, est fixé, savoir :

Pour fiacres et calèches, 2 fr.

Pour citadines et coupés, 1 fr. 75 c.

Les autres courses hors barrières sont à l'heure :

Pour fiacres et calèches, de 6 heures du matin à minuit, 3 fr. la première heure et 2 fr. 50 les autres heures. De minuit à 6 heures du matin, 4 fr. la première heure et 3 fr. les autres.

Pour citadines ou coupés, de 6 heures du matin à minuit, 2 fr. 50 c. la première heure et 2 fr. les autres. De minuit à 6 heures du matin, 3 fr. 50 c. la première heure et 2 fr. 50 les autres.

Les cochers devront faire 8 kilomètres à l'heure, au moins.

Le retour à vide sera payé moitié prix de la course d'aller.

Petits coupés de remise.

Le jour : la course, 2 fr.; l'heure. 2 fr. — *La nuit :* la course, 3 fr.; l'heure. 3 fr.

Les coupés de remise se trouvent dans les endroits suivants :

Cours du XXX-Juillet, 21.
Rue de la Fondaudége, 5.
Rue du Réservoir, 18.
Rue Rolland, 6.
Rue de Condé, 7 et 9.
Rue Esprit-des-Lois, 29.
Rue Leyteire, 51.
Rue Rohan, 34.
Rue de Grassi, 3.
Rue Castillon, 5.
Place Saint-Remi, 3.

Rue Franklin, 6.
Rue Ferrère, 56.
Rue d'Orléans, 4.
Rue du Pal.-de-Justice, 52.
Rue des Herbes, 4.
Rue Palais-Gallien, 131.
Rue d'Albret, 12.
Rue Lafayette, 7.
Rue de Berry, 14 et 31.
Rue Vieille-Tour, 11.
Rue Maleret, 50.

Omnibus

LIGNES DE VILLE.

Bureau central, cours du XXX-Juillet, n° 1, maison Gobineau.

1° De la place Richelieu au passage de Lormont, en longeant les quais (nord).

2° Du boulevard du Bouscat à la place d'Aquitaine. en passant par les rues de la Croix-de-Seguey, de la Fondaudége, les allées de Tourny, place de la Comédie et la rue Sainte-Catherine.

3° De la place Picard à la place Napoléon (la Bastide), par les cours Portal, du Jardin-Public, la place Dauphine, la rue Bouffard, la place de l'Hôtel-de-Ville. les rues du Palais-de-Justice, de Cursol, le cours Napoléon et le Pont.

4° Du boulevard de Caudéran aux Enfants-Trouvés. par le cours Saint-Médard. les rues de la Croix-Blanche, Capdeville, les allées Damour, la rue Judaïque, la place Dauphine, les cours de l'Intendance, du Chapeau-Rouge, les places Richelieu, de la Bourse, les quais (sud).

5° Du jardin des Plantes à la Gare du Midi, par le cours du XXX-Juillet, la place de la Comédie, les rues des Piliers-de-Tutelle, Saint-Remi, la place de la Bourse, la rue de la Bourse, la place du Parlement, la rue du Pas-Saint-Georges, la place du Vieux-Marché, la rue Bouquière, le cours Napoléon, les rues des Menuts, du Maucaillou, Clare, la place des Capucins et le cours Saint-Jean.

6° Du cours du XXX-Juillet à la barrière Saint-Genès, par le cours de l'Intendance, la place Dauphine, la rue Dauphine, les cours d'Albret, d'Aquitaine, les rues de Berry et de Saint-Genès.

7° Du cours du XXX-Juillet à la place Nansouty par les rues Piliers-de-Tutelle, Saint-Remi, la place de la Bourse, la rue de la Bourse, la place du Parlement, la rue du Pas-Saint-Georges, la place du Vieux-Marché, la rue Bouquière, le cours Napoléon, les rues des Menuts, du Maucaillou, Clare, la place des Capucins, la route d'Espagne.

8° De la place Richelieu au Pont de Brienne, en longeant les quais (sud).

Intérieur, 20 c. — Banquette, 15 c.

LIGNES DE BANLIEUE.

Point de départ, cours du XXX-Juillet, 1.

La Glacière. 30ᶜ
Mérignac et les Eyquems. 40

Saint-Médard. 75
Le Haillan. 45
Caudéran. 30
Blanquefort. 60
Le Vigean. 45
Le Bouscat. 30
La Bastide. 20
Monrepos. 35
Barrière de Pessac. 20
Pessac. 40
Barrière de Bègles. 35
Bègles. 45
La Souys. 45
La Tresne. 60

Point de départ, place extérieure d'Aquitaine.

Pont-de-la-Maye. 35ᶜ
Léognan. 80
Talence. 30
Gradignan. 45

Point de départ, quai de la Bourse.

Bassens et Carbon-Blanc.. 50

Service spécial du Chemin de fer de Paris.

Les voitures stationnent allées d'Orléans, 2, au Bureau central. — Quai des Chartrons, 76. — Place Dauphine, 22. — Place d'Aquitaine, 14.

Prix des places : 30 c. par personne et 20 c. par colis. — A domicile, 50 c. par personne et 20 c. par colis.

Service spécial des Chemins de fer du Midi.

Les voitures stationnent cours du XXX-Juillet, 10.
au Bureau central. — Quai des Chartrons, 76. — Place
Dauphine, 22. — Place d'Aquitaine. 14. — Quai des
Salinières, 1.

Prix des places : 30 c. par personne et 20 c. par
colis. — A domicile, 50 c. par personne et 20 c. par
colis.

Service spécial du Chemin de fer du Médoc.

Les voitures stationnent au Bureau central. rue Gobineau, 2.

Prix des places : 30 c. par personne et 20 c. par
colis. — A domicile, 50 c. par personne et 20 c. par
colis.

Voitures du dehors.

PONS, SAINTES, ROCHEFORT ET TOUTE LA SAINTONGE. —
Bureau, rue Saige, 13. Départs tous les jours, à 8 heures du matin.

COGNAC ET ROCHEFORT. — Rue de la Douane, 1. Tous
les jours, à 8 heures du matin.

SAINT-LAURENT (Médoc). — Rue Gobineau, 2. Tous
les jours, à 4 heures du soir.

LESPARRE ET PAUILLAC. — Rue Gobineau, 2. — Tous
les jours, à 8 heures du matin et 5 heures du soir.

CUSSAC, LUDON ET MACAU. — Cours du XXX-Juillet, 2. — Tous les jours. à 4 heures du soir.

CASTELNAU, LISTRAC ET SAINT-LAURENT. — Allées de
Tourny, 4. — Tous les jours à 4 heures du soir.

BELIN. — Route de Bayonne, 4, et place extérieure
d'Aquitaine. 14. — Tous les jours à 4 heures du soir.

Voitures partant de la Bastide

Place Napoléon.

Pour les localités voisines ci-après :

Monrepos, toutes les heures moins un quart.

Saint-André de Cubzac, 2 heures du soir.

Créon, 7 heures du matin et 3 heures du soir.

La Sauve, 9 heures du matin et 3 heures du soir.

Beychac, 6 heures du matin, midi et 4 heures du soir.

Sauveterre, 7 heures trois quarts du matin.

Tizac, 2 heures et demie du soir.

Langoiran, lundis. mercredis et samedis, 4 heures du soir.

Bouliac et la Souys, toutes les heures depuis 7 heures 20 minutes jusqu'à 11 heures 20 minutes du matin, et depuis 2 heures 20 minutes jusqu'à 6 heures 20 minutes du soir.

Bateaux à vapeur.

Haut de la rivière.

Bureaux : quai des Salinières, au ponton. — Départs tous les jours, pour Langon, la Réole, Agen et les escales intermédiaires. — Bagages *franco*.

Bas de la rivière.

Bureaux : quai Vertical, au ponton. — Départs tous les jours pour Blaye, Pauillac et les escales intermédiaires. En été, pendant la saison des bains de mer, un bateau fait le service de Bordeaux à Royan ; il part tous les matins.

*Bateaux à vapeur omnibus faisant le service de la rade,
Lormont, la Bastide et la Tresne.*

Les *Abeilles*, cale des Quinconces.
Les *Hirondelles*, cale de la Bourse.
Les *Gondoles*, cale de la Douane.

Paquebots des Messageries impériales

*Faisant le service entre Bordeaux, Lisbonne, Dackar,
Pernambuco, Bahia, Rio-Janeiro, Montevideo et
Buenos-Ayres.*
Bureaux : quai de Bacalan, 19.

Chemins de fer.

1º *Ligne d'Orléans et Paris, avec embranchements sur
Périgueux, Brives, Limoges, etc., Niort et Roche-
fort, Angers et Nantes, Le Mans, Rennes, Alençon,
Caen, Cherbourg, etc.*
Gare : à la Bastide, quai de Queyries.
Bureau central : à Bordeaux, allées d'Orléans. 2.
2º *Ligne de Toulouse, Cette et le Midi.*
3º *Ligne de Bayonne, Tarbes et les Pyrénées, avec
embranchement sur la Teste et Arcachon.*
Gare des deux lignes : cours Saint-Jean.
Bureau central : cours du XXX-Juillet. 10.
4º *Ligne du Médoc.*
Gare : cours Saint-Louis.
Bureau central : cours du XXX-Juillet, 20.

Poste aux Lettres.

Bureau principal : Hôtel des Postes, rue Porte-Dijeaux, 10.
Bureau supplémentaire A. rue Borie. 29.

Bureau supplémentaire B, place des Cordeliers, 4.

L'ouverture des guichets des bureaux a lieu de 7 heures du matin à 7 heures du soir, en été; et de 8 heures du matin à 8 heures du soir, en hiver. — Le dimanche, ils sont fermés à quatre heures.

Poste restante : — Les lettres adressées poste restante ne sont remises aux destinataires que sur l'exhibition de leur passeport.

Télégraphie électrique.

Le siége de l'administration est situé cours de l'Intendance, 52. Les dépêches privées sont également reçues dans les gares de la Bastide et Saint-Jean. — Un bureau supplémentaire est établi cours Saint-Jean, 76.

Le bureau de la ligne télégraphique de Bordeaux au Verdon est à la Bourse, au premier étage.

Changeurs de Monnaies.

Astruc (A.), cours du Chapeau-Rouge, 42.

Benzacar frères, cours du Chapeau-Rouge, 8.

Castro, cours du Chapeau-Rouge, 44.

Bains publics.

Les divers établissements de bains publics chauds sont situés :

1° Sur les allées de la place des Quinconces, de chaque côté de l'esplanade, sur le bord de la Garonne, où ils s'alimentent directement.

2° Rue du Palais-Gallien, 136; — rue de Cursol, 14; — rue Verteuil, 5; — rue Rodrigues-Pereire, 64; —

rue Cornac, 10; — rue Denize, 11; — rue du Cloî-
tre, 32; — rue de la Benauge (la Bastide), 56.

Bordeaux possède également trois écoles de nata-
tion donnant des bains froids ou chauds. Ces établissements sont situés sur la Garonne :

1° Quai de la Grave; — 2° quai de la Monnaie; —
3° quai Deschamps, à la Bastide.

II.

Préfecture. — Mairie. — Bureau des Passeports. — Commissa-
riats de police. — Consulats.

Préfecture.

Hôtel de la Préfecture, cours du Chapeau-Rouge, 23.
Entrée des bureaux, rue Esprit-des-Lois, 24.

Cabinet du Préfet : Affaires confidentielles et réservées. Demandes d'audience. Ouverture de la corres-
pondance. Demandes d'emploi. Secours. Préséances.
Fêtes et cérémonies publiques.

Première division : Personnel. Élections. Administration communale et hospitalière. Comptabilité. Instruction publique. Service vicinal. Recrutement.

Deuxième division : Administration générale et départementale. Travaux publics. Agriculture. Commerce.
Contributions. Conseil de préfecture. Presse. Police
générale.

Les bureaux sont ouverts au public tous les jours
non fériés, de midi à 3 heures.

M. le Préfet reçoit de 1 heure à 3 heures, les jeudi.
vendredi et samedi de chaque semaine.

Mairie.

Hôtel de ville et bureaux de la Mairie, place de l'Hô-tel-de-Ville, 1.

Secrétariat : Personnel. Conseil municipal. Arrêtés. Listes électorales. Élections. Affaires contentieuses. Fêtes et cérémonies publiques. Secours. Affaires réservées.

1re *Division* : Travaux publics. Service des eaux.

2e *Division* : Police de sûreté.

3e *Division* : Police administrative.

4e *Division* : Finances.

5e *Division* : État civil.

6e *Division* : Instruction publique. Cultes. Sciences et arts.

7e *Division* : Contributions.

8e *Division* : Affaires militaires.

Les bureaux sont ouverts au public tous les jours non fériés, de 10 heures du matin à 5 heures du soir.

M. le Maire reçoit tous les jours non fériés, excepté le mardi, de 3 à 5 heures.

Bureau des Passeports.

Ce bureau est établi à la caserne municipale, rue des Trois-Conils. Il est ouvert tous les jours non fériés, de 10 heures du matin à 5 heures du soir, et le dimanche de 10 heures à 1 heure.

Commissariats de Police.

Le commissaire central a son bureau dans le local de la Préfecture. Entrée rue Louis, derrière le Grand-Théâtre. Ce bureau est ouvert tous les jours non fériés, de 9 heures du matin à 3 heures du soir.

Les bureaux des commissaires de police d'arrondissement sont établis comme suit :

1er ARRONDISSEMENT, cours Saint-Louis, 40.

2e ARRONDISSEMENT, rue Lacour, 14.

3e ARRONDISSEMENT, rue Lafaurie-de-Monbadon, 10.

4e ARRONDISSEMENT, rue Mondenard, 11.

5e ARRONDISSEMENT, rue de l'Archevêché, 2.

6e ARRONDISSEMENT, rue Villeneuve, 1.

7e ARRONDISSEMENT, rue Desfourniel, 17.

8e ARRONDISSEMENT, rue Tombeloly, 33.

9e ARRONDISSEMENT, rue de Landiras, 45.

10e ARRONDISSEMENT, route de Toulouse, 90.

11e ARRONDISSEMENT, cours Saint-Jean, 240.

12e ARRONDISSEMENT, rue Montméjan-la-Bastide, 56.

Consulats.

ALLEMAGNE DU NORD, quai de Bacalan, 22.

ANGLETERRE, rue Boric, 34.

AUTRICHE, rue de Condé, 13.

BADE, quai des Chartrons, 93.

BAVIÈRE, quai des Chartrons, 88.

BELGIQUE, cours du Chapeau-Rouge, 19.

BOLIVIE, cours du XXX-Juillet, 13.

BRÉSIL, cours du Jardin-Public, 25.

BRUNSWICK, rue Ducau, 12.

BUENOS-AYRES, rue d'Aviau, 36.

CHILI, rue d'Aviau, 36.

COLOMBIE, rue Thiac, 47.

CONFÉDÉRATION ARGENTINE, rue d'Aviau, 36.

COSTA-RICA, cours du Chapeau-Rouge, 9.

DANEMARK, quai des Chartrons, 97.

DOMINICAINE (République), rue Sainte-Thérèse, 4.

ÉQUATEUR, rue du Palais-Gallien, 72.

ESPAGNE, rue du Palais-Gallien, 111.

ÉTATS-ROMAINS, rue Fondaudége, 24.

ÉTATS-UNIS, cours du XXX–Juillet, 32.

GRÈCE, quai des Chartrons, 68.

GUATEMALA, cours du Pavé-des-Chartrons, 17 et 19.

HAÏTI, quai des Chartrons, 93.

ITALIE, quai des Chartrons, 68.

LIBERIA, rue Leyteire, 93.

HESSE-GRAND-DUCALE, quai des Chartrons, 88.

LUBECK, quai des Chartrons, 40.

MEXIQUE, allées Damour, 26.

NICARAGUA, pavé des Chartrons, 3.

PARAGUAY, allées de Chartres, 31.

PAYS-BAS, quai des Chartrons, 64.

PÉROU, quai des Chartrons, 8.

PERSE, rue Sainte-Catherine, 226.

PORTUGAL, rue Esprit-des-Lois, 2.

PRUSSE, quai de Bacalan, 22.

RUSSIE, rue Bardineau, 15.

SAINT-MARIN, cours Napoléon, 92.

SAN-SALVADOR, rue du Château-Trompette, 5.

SUÈDE ET NORVÉGE, pavé des Chartrons, 47.

SUISSE, rue du Parlement-Sainte-Catherine, 24.

TEXAS, cours Saint-Médard.

TUNIS, quai des Chartrons, 53.

TURQUIE, cours du Chapeau-Rouge, 26.

URUGUAY, rue Lafaurie-de-Monbadon, 77.

VENEZUELA, rue Pélegrin, 72.

III

Bibliothèque. — Musées. — Sociétés savantes ou Philanthropiques.
Loges maçonniques. — Journaux.

Bibliothèque de la ville
rue Jean-Jacques-Bel, 2.

Cette bibliothèque contient 120,000 volumes. Elle est ouverte au public tous les jours, excepté le samedi et les jours fériés : 1° depuis le 1er novembre jusqu'au 31 mai, de 11 heures du matin à 4 heures et de 7 heures et demie à 10 heures du soir; 2° depuis le 1er juin jusqu'au 31 août, de 11 heures du matin à cinq heures du soir; 3° pendant les vacances le mercredi seulement de 11 heures à 4 heures.

Musée de Peinture et de Sculpture
dans le jardin de l'Hôtel de ville.

On y remarque des tableaux d'une grande valeur artistique; il y a environ six cents toiles. Le Musée est ouvert au public les dimanches, lundis et jeudis, de 10 heures à 6 heures.

Muséum d'Histoire naturelle
au Jardin des Plantes.

Il offre un ensemble assez remarquable de produits du règne animal et du règne minéral. Il est ouvert au public le dimanche et le jeudi : 1° du 1er novembre au 30 avril, depuis 11 heures du matin jusqu'à 4 heures du soir; 2° du 1er mai au 15 septembre, depuis 11 heures jusqu'à 5 heures. Les étrangers y sont admis tous les jours, sur la présentation de leur passeport, aux mêmes heures que ci-dessus.

Musée des Antiques.

Une partie de ce musée est dans le même hôtel et ouvert aux mêmes heures que le Muséum d'Histoire naturelle. L'autre partie (*l'archéologie*) est provisoirement installée rue des Facultés, derrière la caserne municipale.

Sociétés.

Bordeaux possède une foule de sociétés scientifiques et philanthropiques; voici la nomenclature des plus importantes :

1º *Académie impériale des sciences, belles-lettres et arts,* hôtel du Musée, rue Jean-Jacques-Bel, 2; elle a été fondée par lettres-patentes en date du 5 septembre 1712; elle reçut, en 1733, un privilége pour l'impression de ses mémoires.

L'Académie met tous les ans au concours un certain nombre de questions sur des sujets dignes de recherches.

2º *Société de Médecine,* rue Jean-Jacques-Bel, 2. Cette Société, qui existe depuis le 8 juin 1798, donne des consultations gratuites aux indigents; elle publie un journal mensuel.

3º *Société médicale d'Émulation,* dont le siége est également rue Jean-Jacques-Bel, 2, fondée en 1832. par le docteur J.-B. Moulinié. Comme la précédente, elle donne hebdomadairement des consultations gratuites aux indigents.

4º *Société de Pharmacie,* fondée le 1er septembre 1834; elle s'occupe de sciences et de salubrité publique.

5º *Société Linnéenne.* Cette société, fondée en 1819. s'occupe d'histoire naturelle et de botanique. Son fondateur, M. Laterrade, a publié une *Flore du département de la Gironde.*

6° *Société d'Agriculture.* Cette société a pris naissance dans le Comice central formé à Bordeaux en 1831. Elle distribue des récompenses pour encourager l'agriculture, et publie tous les ans, depuis 1846, le compte rendu de ses travaux. Le lieu de ses réunions est à la Préfecture.

7° *Société d'Horticulture.* Elle a pour but d'encourager l'horticulture par des expositions annuelles. Secrétariat, rue Rolland, 19.

8° *Société des Amis des Arts,* instituée dans le but de favoriser le progrès des arts, par des expositions publiques d'ouvrages de peinture, de sculpture et de dessin d'artistes vivants.

Le lieu des expositions de cette Société est actuellement situé sur la terrasse du nouveau Jardin des Plantes.

9° *Société Philomathique,* fondée en 1808, par M. Rodrigues. Cette Société a pour but de propager l'amour des sciences, des arts et de l'industrie. Elle a établi des cours publics en faveur des ouvriers adultes, auxquels elle décerne des récompenses. Elle fait des expositions publiques tous les cinq ans.

Le siége de la Société est situé rue du Château-Trompette, 8.

10° *Société des Sciences physiques et naturelles.* Elle a pour objet de ses études les sciences physiques et naturelles en général, et en particulier l'histoire naturelle du sud-ouest de la France.

11° *Société de Sainte-Cécile.* Le but de cette société est de secourir les artistes musiciens malheureux,

Messe annuelle le jour de Sainte-Cécile et concerts splendides. Elle a institué une école de chant, sous la dénomination d'*École gratuite de musique*.

12° *Société d'Acclimatation*. Siége à la Préfecture.

13° *Société de Charité maternelle*, placée sous le patronage de Sa Majesté l'Impératrice.

14° *Société des Régates*, instituée pour venir en aide aux marins blessés dans l'exercice de leur profession.

15° *Société du Parc et du Jardin d'Acclimatation de Bordeaux*, chemin de Saint-Médard.

16° *Sociétés de Secours mutuels*, au nombre de cent dix-huit.

Loges Maçonniques.

La Française d'Aquitaine, rue Judaïque, 95 (vendredi).

Les Amis réunis, même local (jeudi).

La Française élue Écossaise et *l'Amitié réunies*, même local (mercredi).

Les Chevaliers de Saint-André d'Écosse, même local (samedi).

Les Chevaliers de la Fraternité, même local (lundi).

La Candeur, rue Mouneyra, 22 (jeudi).

La Sincérité, rue Nauville, 4 (samedi).

L'Étoile du Progrès, rue du Jardin-des-Plantes, 15 (lundi).

Loge Anglaise, rue Ségalier, 27 (mardi).

Journaux.

Il y a à Bordeaux cinq grands journaux politiques, paraissant tous les jours, ce sont :

1° Le *Journal de Bordeaux*, rue Porte-Dijeaux, 43.

2° *La Guienne*, rue Gouvion, 20.

3° Le *Courrier de la Gironde*, rue Saint-Siméon, 16.

4° *La Gironde*, rue de Cheverus, 8.

5° *La Province*, allées d'Orléans, 42.

On y publie, en outre, diverses feuilles littéraires, scientifiques, commerciales, telles que le *Figaro Bordelais* (deux fois la semaine); le *Moniteur Agricole*, le *Courrier de Bordeaux* (six fois la semaine); les *Petites-Affiches de la Gironde*, *l'Aquitaine*, *l'Indicateur vinicole* (hebdomadaires).

Bureau général des Journaux

SALONS DE LECTURE

Péristyle du Grand-Théâtre (côté sud).

IV.

Cercles. — Cafés. — Théâtres. — Cafés-Concerts. — Cirque. Bals. — Parc. — Foires. — Tirs.

Cercles.

SOCIÉTÉ PHILOMATHIQUE, rue du Château-Trompette, 8.

CERCLE PHILHARMONIQUE, cours du XXX-Juillet, 3.

CLUB BORDELAIS, au Grand-Théâtre (côté sud).

CERCLE DE LA COMÉDIE, au Grand-Théâtre (côté nord).

CERCLE DU COMMERCE, cours du Chapeau-Rouge, 54.

CERCLE MONTESQUIEU, cours du XXX-Juillet, 2.

CERCLE DE L'UNION, cours de l'Intendance, 2.

CERCLE DES RÉGATES, cours de l'Intendance, 6.

NEW CLUB, cours du Chapeau-Rouge, 52.

CERCLE DE BORDEAUX, place de la Comédie, 4.

CERCLE DE TOURNY, place de la Comédie, 2.

YOUNG CLUB, allées de Tourny, 6.

CERCLE DU MIDI, rue du Château-Trompette. 4.

CERCLE DU SUD, rue de l'Observance. 9.

CERCLE FÉNELON, rue Saint-Christoly, 8.

CERCLE L'AQUITAINE, rue Neuve, 24.

FRENCH CLUB, cours du XXX-Juillet, 4.

CERCLE GERMANIA, rue Mautrec. 2.

CLUB LYRIQUE, cours de l'Intendance, 1.

CERCLE DE L'UNION BASTIDIENNE. avenue de Paris. 46
(la Bastide).

Cafés principaux.

CAFÉ DE LA COMÉDIE, péristyle du Grand-Théâtre (angle
nord-ouest).

CAFÉ DE BORDEAUX, place de la Comédie. 6.

CAFÉ HELVÉTIUS, cours du Chapeau-Rouge, 50.

CAFÉ DE LA PRÉFECTURE, cours du Chapeau-Rouge. 21.

CAFÉ CARDINAL, cours du XXX-Juillet. 2.

CAFÉ MONTESQUIEU, cours du XXX-Juillet. 12.

CAFÉ DU COMMERCE, rue Gobineau, 3.

CAFÉ BIBENT, allées de Tourny, 4.

CAFÉ COMMERCIAL, allées de Tourny. 3.

ESTAMINET DE STRASBOURG, allées de Tourny, 15.

CAFÉ DES MILLE-COLONNES, allées de Tourny, 37.

CAFÉ RICHELIEU, place des Quinconces, 4.

CAFÉ DES VOYAGEURS, cours de l'Intendance. 7.

CAFÉ DE L'ÉTAT-MAJOR, rue Montesquieu. 14.

CAFÉ DU THÉATRE-LOUIT, rue Saint-Sernin, 52.

CAFÉ DE L'ELDORADO. au Théâtre-Napoléon. cours
Napoléon, 146.

Théâtres.

GRAND-THÉÂTRE, place de la Comédie. — Bureaux de location, péristyle du Théâtre, côté sud. — Prix des places : Loges à salon, galeries ou balcons et baignoires, 5 fr. Fauteuils d'orchestre, 5 fr. Premières, stalles des balcons et des galeries. 4 fr. Parterre, 2 fr. Secondes loges, 1 fr. 75 c. Paradis, 75 c. En location, 1 fr. de plus par place.

THÉÂTRE-LOUIT, rues Castelnau-d'Auros et Saint-Sernin. — Bureaux de location, rue Castelnau-d'Auros et cours du Chapeau-Rouge, 52. — Prix des places : Fauteuils d'orchestre, loges grillées et baignoires, 3 fr.; en location, 3 fr. 50 c. Parquet, loges et fauteuils du premier balcon, 2 fr.; en location, 2 fr. 50 c. Parterre et deuxième balcon, 1 fr. 50 c.; en location 2 fr. Troisième galerie, 1 fr.; en location, 1 fr. 25 c. Paradis-terrasse, 50 c.; en location, 75 c.

THÉÂTRE-FRANÇAIS OU DES VARIÉTÉS, à l'angle des rues Condillac et Montesquieu. — Bureaux de location, même local. — Prix des places : Fauteuils d'orchestre. 3 fr.; en location, 3 fr. 50 c. Stalles de parquet et première galerie, 2 fr.; en location, 2 fr. 50 c. Deuxième galerie, 1 fr. 25 c.; billet pris d'avance, 1 fr. 75 c. Troisième galerie, 75 c.; billet d'avance, 1 fr. Paradis, 50 c.; billet d'avance, 60 c.

GYMNASE DRAMATIQUE, place des Quinconces, 5. — Bureaux de location, même local. — Prix des places : Rez-de-chaussée, 3 fr.; en location, 3 fr. 50 c. Première galerie, 2 fr.; en location, 2 fr. 50 c. Deuxième galerie, 1 fr.; en location, 1 fr. 50 c.

THÉÂTRE NAPOLÉON, cours Napoléon, 146. — Bureaux de location, même local.—Prix des places : Loges grillées et autres, 2 fr. 50 c.; en location, 3 fr. Fauteuils d'orchestre, 2 fr.; en location, 2 fr. 50 c. Parquet et première galerie, 1 fr. 50 c.; en location, 1 fr. 75 c. Deuxième galerie, 1 fr.; en location, 1 fr. 25 c. Troisième galerie, 50 c.; billet d'avance, 60 c.

Café-Concert du Delta

Rue Voltaire, 16.

Représentations tous les soirs, de 8 heures à 11 heures. Prix d'entrée, 1 fr. à toutes places. Répétitions tous les jours, de midi à 3 heures. Le dimanche, représentation de 2 heures à 5 heures du soir. Prix d'entrée, 50 c. à toutes places. Consommations aux prix ordinaires, le soir et dans la journée.

Alcazar

Place Napoléon, 15, à la Bastide.

Représentations tous les soirs, de 8 heures à 11 heures. Prix d'entrée : Premières, 1 fr. secondes, 50 c.

Cirque

Rue Saint-Sernin.

Établissement provisoire, en bois, où les troupes équestres de passage donnent leurs représentations.

Bals publics et Concerts.

La RENAISSANCE, cours Saint-Médard.
BEL-ORME, cours Saint-Médard.
Le PETIT-FRESQUET, rue de Marseille.
Le LUXEMBOURG, rue Saint-Vincent-de-Paul, 87.

Parc Bordelais et Jardin d'Acclimatation

Boulevard de Caudéran, route de Saint-Médard.

Prix d'entrée, 25 c. par personne. (Voir ci-après, page 110, à la commune de Caudéran, dans laquelle est situé cet établissement.)

Foires.

Deux grandes foires se tiennent annuellement à Bordeaux, et durent chacune quinze jours. Elles ont été créées en 1565, par lettres-patentes du roi Charles IX. Elles ont lieu sur la place des Quinconces, du 1er au 15 mars, et du 16 au 31 octobre.

Il y a quatre autres foires : celle de Saint-Fort, 16 et 17 mai; de Saint-Clair, 1er juin; de Saint-Roch, 15 août; et de Saint-Michel, 29 septembre.

Tirs.

Il y en a deux. — Rue Judaïque, 100. — Rue du Manége.

TROISIÈME PARTIE

LISTE COMPLÈTE

DES RUES, ALLÉES, BOULEVARDS, PLACES ET AUTRES VOIES PUBLIQUES
DE LA VILLE DE BORDEAUX.

Nota : Le chiffre placé à la suite du nom de la voie indique l'arrondissement
de police où elle est située. — Les voies publiques du 12e arrondissement
(la Bastide) sont désignées par un astérisque.

RUES.	COMMENCEMENT ET FIN.
Abattoir (de l'), 10......	Cours Saint-Jean. — Rue Peyronnet.
Abbesse (de l'), 11......	Rue de Grammont. — Rue Roullet.
Acan, 10................	Du Moulin. — Des Bénédictins.
Agen (d'), 11...........	Rue Billaudel. — Rue d'Aubidey.
Albret (d'), 6, 7.........	Place Rohan. — Cours d'Albret.
Alembert (d'), 8.........	Magendie. — Moulinié.
Allamandiers (des), 8...	Quai de la Grave. — Rue Sainte-Croix.
Andronne, 10...........	Quai de la Monnaie. — Rue Sainte-Croix.
Anges (des)..............	*Voyez* rue Francin.
Archebold *, 12.........	Avenue de Paris.
Archevêché (de l'), 5...	Pl.de l'Archevêché. Pl. de l'Hôtel-de-Ville
Arès (d'), 6..............	Pl. Dauphine. — Boul. de Caudéran.
Argentiers (des), 5......	Rue Saint-Pierre. — Place du Palais.
Arnaud-Miqueu, 5.......	Du Cancera. — Du Loup.
Arsenal (de l'), 4........	Du Temps-Passé. — Chem. de Bruges.
Asile (l') *, 12...........	Rue Durand.
Aubidey (d'), 11........	Rue de Bègles.— Ch. de St-Vinc.-de-Paul.
Augustins (des), 8......	Du Mirail. — Sainte-Catherine.
Augustins (p. r. des)....	*Voyez* rue David-Gradis.
Augustines (des)........	*Voyez* rue Gratiolet.
Aupéric.................	*Voyez* rue de Saget.
Ausone, 7...............	Place du Palais.— R. Porte-des-Portanets.
Aveyron (de l'), 9.......	Du Tondu. — Du Magot.
Ayres (des), 7...........	Pl. du Vieux-Marché. — Cours Napoléon.
Bahutiers (des), 5.......	Maucoudinat. — Du Peugue.
Balaklava, 9.............	Rue Bertrand-de-Goth.

RUES.	COMMENCEMENT ET FIN.
Barada, 4.................	Matignon. — David-Jonhston.
Bardineau, 2............	Place Bardineau. — Rue Saint-Laurent.
Barrau, 9................	Rue Saubat. — Route de Bayonne.
Barennes, 2.............	Mandron. — Lechapelier.
Barreyre, 1.............	Quai des Chartrons. — Rue Gouffrand.
Basboudin	*Voyez* rue Guyart.
Baste, 1.................	Rue Pomme d'Or. — Cours Portal.
Batailley, 6.............	Rue Larmée. — Rue d'Arès.
Bauducheu, 11..........	Rue Billaudel. — Rue d'Aubidey.
Beaubadat, 5............	Montméjan. — Des Trois-Conils.
Beaufleury, 10..........	Route de Toulouse. — Route d'Espagne.
Beaurein, 8.............	Bergeret. — Bigot.
Beautiran, 10...........	Rue Malbec. — Route d'Espagne.
Beck, 11.................	Place Belcier. — Passage à niveau.
Règles (de), 10.........	Route d'Espagne. — Boulevard.
Bélair, 10..............	Brémontier. — Fonfrède.
Belay, 6.................	Pierre. — Martin.
Belcier, 11.............	Quai de Paludate. — Rue Sarrette.
Belle-Allée, 12.........	Quai des Queyries. — Rue Saint-Romain.
Belle-Étoile, 11........	Cours St-Jean. — R. de l'Estey-de-Bègles.
Belleville, 6, 7, 9......	D'Arès. — De Pessac.
Bel-Orme, 4............	Rue Naujac. — Cours Saint-Médard.
Benatte, 4..............	De la Croix-Blanche. — Chevalier.
Benauge (de la)*, 12...	Quai Deschamps.
Bénédictins (des) 10....	Place Sainte-Croix. — Rue Peyronnet.
Bénédictines (des)......	*Voyez* rue Lobas.
Bense, 1.................	Quai de Bacalan. — Rue Delord.
Béranger*, 12...........	R. Bonnefin.—Ch. de la Grande-Rolande.
Bergeon, 10.............	Rue Saint-Jacques. — Route d'Espagne.
Bergère, 5..............	Du Pas-Saint-Georges. — Serpolet.
Bergeret, 8.............	R. Leyteire.—Pl. intérieure des Capucins.
Berquin, 6..............	Rue Dauphine.
Berrouet, 10............	Ste-Croix. — Du Noviciat.
Berry (de), 7...........	Cours d'Aquitaine. — Rue de Pessac.
Bertrand-de-Goth, 9....	Route de Bayonne. — Rue Brun.
Beysac, 10..............	Carpenteyre. — Sainte-Croix.
Béziers (de), 11........	Rue St-Vincent-de-Paul. — Rue Francin.
Bigot, 8.................	Pl. int.re d'Aquit. — Pl. int.re des Capucins.
Billaudel, 11............	Rue Lafontaine. — Ch. de St-Vinc.-de-Paul
Bino, 1.................	C. St-Louis. — C. Balguerie-Stuttenberg.
Blanc-Dutrouilh, 3......	Pl. des Quinconces. — C. du Jard.-Public.
Bonafoux, 6.............	Cours d'Albret. — Rue Saint-Bruno.
Bongrand, 4.............	Rue de la Trésorerie. — Place de Lerme.
Bonnefin, 12............	Avenue de Paris. — Rue de la Benauge.
Bordelaise	*Voyez* rue Le Reynart.

RUES.	COMMENCEMENT ET FIN.
Borie, 1......................	C. Balguer.-Stuttenb. — Q. des Chartrons.
Boucheries (des), 7......	Rue Renière. — Cours Napoléon.
Boudet, 3.................	Cours de Tournon. — Rue Ferrère.
Bouffard, 6...............	Place Dauphine. — Rue Monbazon.
Boulan, 6.................	Bouffard. — Cours d'Albret.
Boulanger, 1.............	Lombard. — Maurice.
Bouquière, 7.............	Place du Vieux-Marché. — Rue Teulère.
Bourbon, 1..............	Q. de Bacalan. — C. Balguer.-Stuttenberg.
Bourse (de la), 5........	Place de la Bourse. — Place du Parlement.
Bouthier, 12............	Quai de Queyries. — Avenue de Paris.
Bouviers (des), 10....:..	Traversanne. — Sainte-Croix.
Boyer, 9.................	Rue Mouneyra. — Rue du Tondu.
Bragard, 8...............	Causserouge. — Permentade.
Brémontier, 10..........	Route de Toulouse. — Route d'Espagne.
Brenet (de), 10..........	Rue du Moulin. — Place Sainte-Croix.
Brezetz (de), 10........	Route d'Espagne. — Route de Toulouse.
Brizard, 6................	Judaïque. — D'Arès.
Brun, 9..................	Route de Toulouse. — R. Bertrand-de-Goth.
Buffon, 3................	Pl. des Grands-Hommes. — C. de Tourny.
Buhan, 7.................	Rue du Peugue. — Cours Napoléon.
Burguet	*Voyez* rue Poitevin.
Cabanac, 11.............	Q de Paludate. — R. des Terres-de-Bordes.
Cabirol, 7................	Du Peugue. — Du Palais-de-Justice.
Cadroin, 9..............	Rue de St-Genès. — Rue Millière.
Calvimont (de), ⁎ 12.....	Place Napoléon. — Rue de la Benauge.
Cambon, 11	R. des Terres-de-Bordes. — Gare du Midi.
Cancera (du), 5.........	St-Pierre. — Ste-Catherine.
Candale (de), 8..........	R. des Augustins. — Pl. ext^{re} d'Aquitaine.
Canihac, 8...............	Cours Napoléon. — Rue Magendie.
Cantecrit, 9.............	Boulevard de Pessac. — Rue de Ségur.
Cantemerle, 2...........	Frère. — St-Joseph.
Capdeville, 4.............	Place du Prado. — Rue Caussan.
Capérans (des), 5........	St-Remi. — Parlement St-Pierre.
Capérans (des Petits-)5.	Des Capérans. — De la Bourse.
Capeyron, 8.............	Labirat. — Magendie.
Capucins (des), 10.......	Place des Capucins. — Rue Mallet.
Capulat (du), 2..........	Rue Lagrange.
Carbonneau, 10.........	Carpenteyre. — Ste-Croix.
Carle-Vernet, 11........	Gare du Midi.
Carmélites (des Pet.-)..	*Voyez* rue Bergeret.
Carmes (des).............	*Voyez* rue Canihac.
Carpenteyre, 10.........	Allamandiers. — Du Port.
Carros, 9.................	R. Bertrand-de-Goth. — Boul. de Talence.
Casse (du), 8.............	Place Canteloup. — Rue du Maucaillou.
Casse-du-Treuilh, 11....	Rue de l'Estey-de-Bègles.

RUES.	COMMENCEMENT ET FIN.
Cassignol, 4...............	David-Johnston. — Laroche.
Castéja, 4.................	Rue du Palais-Gallien. — Allées Damour
Castelmoron, 6..........	Bouffard. -- Verteuil.
Castelnau-d'Auros, 6...	Judaïque. — D'Arès.
Castillon, 5..............	Porte-Dijeaux. — Montméjan.
Caudéran (de), 6........	R. de la Croix-Blanche. — Bd de Caudéran.
Caussan, 4................	Croix-Blanche. -- Mondenard.
Caussade, 11..............	Cambon. — Morion.
Causserouge, 8..........	Leyteire. — Du Mirail.
Cayre (du)................	Voyez rue Moulinié.
Cazaubon, 11.............	De Saget. — Miramont.
Cenon (de), 1............	Rue de Lormont. — Cours Dupré-St-Maur.
Cerf-Volant (du), 5......	Des Combes. — Du Pas-St-Georges.
Cette (de). 11............	Gare. — Rue Vilaris.
Chai-des-Farines, 5......	R. de la Cour-des-Aides. — Pl. du Palais.
Chambres (des), 11.....	Du Pont-du-Guit.
Champ-de-Mars, 3.......	R. Fondaudège. — Pl. du Champ-de-Mars.
Champion-de-Cicé, 9....	Cours Champion. — Rue Saintonge.
Chantecrit, 1.............	Q. de Bacalan. — C. Balguerie-Stuttenberg.
Chantre, 10..............	Rue des Incurables. — Cours St-Jean.
Chapelet (du)...........	Voyez rue Martignac.
Chapelle-Saint-Jean, 7.	Poitevine. — Sainte-Colombe.
Chapelle-St-Louis, 1....	De Lormont. — Garonne.
Chapelle-St-Martin, 6...	Judaïque. — D'Arès.
Chartreuse (de la), 6...	Place Mériadeck. — Rue d'Arès.
Château-Trompette, 5..	Pl. des Quinconces. — Allées de Tourny.
Chauffour, 6.............	Sullivan. — D'Arès.
Chaumet, 3..............	Combes. — Guillaume-Brochon.
Chemin-de-Ronde (du).	Voyez rue Saincric.
Chevalier, 4.............	Judaïque. — de Marseille.
Cheverus, 5.............	Margaux. — du Loup.
Christine, 6.............	Nauville. — D'Arès.
Cinq-Ardits (des)........	Voyez rue Grateloup.
Cinq-Deniers (des)......	Voyez rue de Brezetz.
Citran, 9.................	Cours d'Aquitaine. — Rue Cornu.
Clare, 8, 10..............	R. du Maucaillou. — Pl. intre des Capucins.
Clément, 9...............	Saubat. — Route de Bayonne.
Cloître (du), 8...........	St-François. — Marengo.
Colbert, 4...............	Mondenard. — De la Franchise.
Colignan, 6..............	Rougier. — Berquin.
Colisée (du), 4..........	Palais-Gallien. — Trésorerie.
Colisée (pet. rue du), 4.	Planturable. — Fondaudège.
Combes, 3...............	C. de l'Intendance. — R. Porte-Dijeaux.
Combes (des), 5..........	Des Bahutiers. — Du Pas-St-Georges.
Commune (de la)........	Voyez cours St-Médard.

RUES.	COMMENCEMENT ET FIN.
Concorde (de la) 4.......	Place du Prado. — Rue de la Trésorerie.
Condé (de), 3.............	Rue Esprit-des-Lois. — Allées d'Orléans.
Condillac, 3..............	C. de l'Intendance. — Allées de Tourny.
Conrad, 1.................	C. Balguerie-Stuttenberg. — C. St-Louis.
Constantin, 2.............	R. Notre-Dame. — C. du Jardin-Public.
Contrescarpe, 8..........	Rue Leyteire. — Pl. extre des Capucins.
Coquille (de la), 5.......	Chai-des-Farines. — Argentiers.
Cordeliers (des), 8......	Des Menuts. — Leyteire.
Cornac, 2.................	R. Notre-Dame. — C. du Jardin-Public.
Cornu, 9.................	Millière. — Route de Bayonne.
Cotrel, 4.................	Nauville. — Benatte.
Cour-des-Aides, 5.......	Quai de la Douane. — R. des Argentiers.
Courbin, 5...............	Pont-de-la-Mousque. — St-Remi.
Course (de la), 2........	Place Fégère. — Rue Lechapelier.
Cousin, 8................	Rue Henri-IV. — Cours d'Aquitaine.
Cousse, 4................	Rue Paulin.
Couvent (du), 2.........	Quai des Chartrons. — Rue Notre-Dame.
Crèche (de la), 8........	Du Casse. — Des Menuts.
Créon, 5	Rue Trois-Conils. — Pl. de l'Hôt.-de-Ville.
Croix-Blanche, 4........	Rue Caussan. — Cours St-Médard.
Croix-de-Seguey, 4......	Rue Paulin. — Boulevard de Caudéran.
Croizillac, 2.............	De la Course. — Barennes.
Cruchinet, 9.............	Mercière. — St-Nicolas.
Cursol (de), 7...........	Sainte-Eulalie. — Jean-Burguet.
Dabadie, 8...............	Des Menuts. — Hugla.
Danjou, 2................	De la Course. — Lechapelier.
Dardenne, 4.............	Laporte. — David-Johnston.
Darnal, 3................	Delurbe. — Lafaurie-de-Monbadon.
Dasvin, 8................	Place du Marché-Neuf.—Rue de la Crèche.
Dasvin ', 12.............	Avenue de Paris. — Rue Saint-Romain.
Dauphine, 6.............	Place Dauphine. — Cours d'Albret.
D'Avian, 2..............	Cours du Jard.-Public.—Rue de la Course.
David-Gradis, 8.........	Des Augustins. — Bigot.
David-Johnston, 4.......	Jardin-des-Plantes. — Croix-de-Seguey.
Delord, 1................	Q. de Bacalan.— C. Balguer.-Stuttenberg.
Delurbe, 4...............	Lafaurie-de-Monbadon. — Du Pal.-Gallien.
Denize, 1................	Quai des Chartrons. — Rue Dupaty.
Desfourniel, 7...........	Cours d'Albret. — Rue Saint-Claude.
Désirade, 7..............	Voyez rue Buhan.
Despin, 11..............	Des Terres-de-Bordes. — Rosalie.
Devienne, 10............	Des Étables. — Peyronnet.
Devise (de la), 5........	Pl. Saint Pierre. — Rue Ste-Catherine.
Dieu, 5.................	Pont-de-la-Mousque. — Saint-Remi.
Doidy, 1, 2.............	Rue Pomme-d'Or. — Cours Portal.
Donissan, 9.............	Cours d'Aquitaine. — Rue Cornu.

RUES.	COMMENCEMENT ET FIN.
D'Ornano, 6, 7............	Cours d'Albret. — Boulevard Johnston.
Douane (de la), 5.......	Q. de la Douane.— R. de la Cour-des-Aides.
Douves (des) 10.........	Pl. extér. des Capucins. — R. de l'Abattoir.
Dubessan, 12............	Avenue de Paris. — Rue Serr.
Dublan, 9...............	Rue Cruchinet. — Route de Toulouse.
Dubourdieu, 9	Route de Bayonne. — R. Bertrand-de-Goth.
Dudon, 5................	Guiraude. — Trois-Conils.
Ducau, 2................	D'Aviau. — Lagrange.
Dufau, 6, 7.............	Rue Rohan. — Cours d'Albret.
Duffour-Dubergier, 7....	Place Pey-Berland. — Rue des Ayres.
Dufour, 12.............	Quai de Queyries.
Dufour.................	Voyez rue Delord.
Du Hamel, 10...........	Pl. de la Monnaie. — Pl. intre des Capucins.
Duluc, 9...............	Rue de St-Genès. — Route de Bayonne.
Dupaty, 1..............	Denize. — Chantecrit.
Dupérier, 12...........	Dasvin.
Duplessis, 3, 4.........	Rue de la Fondaudége. — Place Bardineau.
Durand, 4...	Judaïque. — Croix-Blanche.
Durand-la-Bastide, 12..	Avenue de Paris. — Rue de la Benauge.
Duranteau, 4...........	Trésorerie. — Paulin.
Dutrey, 1..............	Rue de Lormont. — C. Dupré-St-Maur.
Ecole (l') *, 12........	Rue Durand.
Edmond-Géraud *, 12...	Quai de Queyries.
Eglise-Notre-Dame......	Voyez rue J.-J.-Bel.
Eglise-St-André, 6.....	Place de l'Hôtel-de-Ville.
Eglise-St-Augustin, 9...	Chemin d'Arès.
Eglise-St-Seurin, 4......	Pl. du Prado. — Boulevard de Caudéran.
Enghien (d'), 3.........	Pl. des Quinconces. — C. du Jard.-Public.
Entre-deux-Mers, 5....	Place St-Remi. — Rue Courbin.
Entre-deux-Places......	Voyez rue Bigot.
Ernest-Godard, 2.......	Place Michel. — Rue d'Aviau.
Esprit-des-Lois, 3......	Pl. Richelieu. — Cours du XXX-Juillet.
Estey-de-Bègles (de l'),5	Rue Peyronnet. — Cours Saint-Jean.
Etables (des), 10.......	Rue de l'Abattoir. — Cours St-Jean.
Etoile (de l'), 7.........	Pge de l'Hôpital. — R. du Palais-de-Justice.
Etrangers (des), 1......	Rue de Lormont. — C. Dupré-St-Maur.
Etuves (des), 7.........	Du Hâ. — De Cursol.
Eugène-Delacroix, 11...	Beck. — Des Terres-de-Bordes.
Facultés (des), 1........	Porte-Dijeaux. — Trois-Conils.
Fauché, 6..............	Rue Laterrade. — C. d'Albret.
Faugas *, 1, 8..........	Rue de la Benauge. — Cours Le Rouzic.
Faures (des), 25........	Quai de la Grave. — Cours Napoléon.
Faussets (des), 5........	Pl. de la Bourse.— R. du Parlem.-St-Pierre.
Fénelon, 5.............	Montesquieu. — Condillac.
Ferbos, 10.............	Rue de Bègles. — Pl. Ferbo

RUES.	COMMENCEMENT ET FIN.
Ferrachapt	*Voyez* rue Roullet.
Ferrère, 2...............	Quai Louis-XVIII. — C. du Jardin-Public.
Figuières	*Voyez* rue Honoré-Teissier.
Filaurie, 11...........	Rue Caussade. — Des Terres-de-Bordes.
Flèche, 1.	Barreyre. — Poyenne.
Fleurus (de), 6.........	Allées Damour. — Rue d'Arès.
Fondaudège, 5, 4.......	Place de Tourny. — Rue Paulin.
Fonfrède, 10...........	Route de Toulouse. — Rue Rateau.
Fort-Louis (du), 10.....	Place Ste-Croix. — Rue de l'Abattoir.
Fosse-aux-Lions, 6......	Rue d'Arès. — Boulevard de Caudéran.
Fours (des), 8..........	Carpenteyre. — Sainte-Croix.
Fourteau *, 12.........	Rue de Queyries.
Foy, 2.................	Allées de Chartres.— Pavé des Chartrons.
Française...............	*Voyez* rue Du Hamel.
Franchise (de la), 4.....	Paulin. — Colbert.
Francin, 11.............	Rue St-Vincent-de-Paul. — De Bègles.
François-de-Sourdis, 7..	Rue de Pessac. — Cloîtres St-Bruno.
Franklin, 5.............	Cours de l'Intendance. — R. Montesquieu.
Frédéric-Bastiat *, 12...	R. Bonnefin.—Chem. de la Grande-Rolande
Frère, 2...............	Cours Portal. — Place Guadet.
Fusterie (de la), 8......	Cours Napoléon. — Rue des Faures.
Gabillon, 8.............	Des Menuts. — Hugla.
Galles (de), 6..........	Dauphine. — St-Sernin.
Gants (des), 9..........	Mériadeck. — De Pessac.
Garat, 10..............	Rue des Incurables. — Cours St Jean.
Gare (de la), 11........	Cours Saint-Jean. — Rue de Bègles.
Garonne (de), 1........	De la Chapelle St-Louis.
Gasc (de), 7...........	Rue d'Arès. — Cours Cicé.
Gensonné, 6............	Des Glacières. — Castelmoron.
Gensan, 8..............	Des Pontets. — Des Faures.
Gerbier, 10	Des Douves. — St-Charles.
Gironde (de), 1........	R. de Lormont. — C. Balguer-Stuttenberg.
Glacières (des), 6......	Bouffard. — Dauphine.
Gobineau, 5............	Cours du XXX-Juillet.—Allées de Tourny.
Gouffrand, 1...........	St-Louis. — Barreyre.
Gourgues (de), 7.......	St-James. — Ste-Catherine.
Gouvion, 5.............	Montméjan. — Trois-Conils.
Grammont, 11..........	Terres-de-Bordes. — Roullet.
Grassi (de), 5, 5.......	Cours de l'Intendance. — R Montméjan.
Grateloup, 9...........	Route de Toulouse.—R. Bertrand-de-Goth.
Gratte-Cap.............	*Voyez* rues Ferbos et Vilaris.
Gratiolet, 8...........	Du Mirail. — Bigot.
Guadet, 2.............	Rue Mandron. — Place Guadet.
Guérin, 5.............	Tustal. — Du Loup.
Guienne (de), 7........	St-James. — Ste-Catherine.

RUES.	COMMENCEMENT ET FIN.
Guillaume-Brochon, 3..	Cours de l'Intendance. — Pl. Puy-Paulin.
Guiraude, 5..............	Ste-Catherine. — De Cheverus.
Guyart, 11..............	R. des Terres-de-Bordes.—Q. de Paludate.
Hâ (du), 7..............	Cours Napoléon.— R. du Palais-de-Justice.
Halle (de la), 7..........	Porte-St-Jean. — Porte-des-Portanets.
Hautoir (du), 9..........	Place Rodesse.
Henri-IV, 8..............	C. d'Albret. — Pl. intérieure d'Aquitaine.
Herbes (des), 7..........	Du Pas-St-Georges. — Ste-Catherine.
Herbettes (des)..........	*Voyez* rue Dasvin.
Honoré-Teissier, 8.......	Cours Napoléon. — Rue de Labirat.
Hortense ', 12...........	Quai de Queyries.
Hostins, 11.............	R. des Terres-de-Bordes. — Gare du Midi.
Hôtel-de-Ville, 5, 6......	Monbazon. — Place de l'Hôtel-de-Ville.
Hugla, 8................	Cours Napoléon. — Rue Leyteire.
Huguerie, 5.............	Place de Tourny. — Rue du Palais-Gallien.
Hustin, 3...............	C. du Jard.-Publ. — R. du Champ-de-Mars.
Impasse (de l')..........	*Voyez* rue Berrouet.
Incurables (des), 8......	Place d'Aquitaine. — Pl. des Capucins.
Intendance (de l')........	*Voyez* rue Guillaume-Brochon.
Janeau ' (de), 12........	R. Bonnefin.—Ch. de la Grande-Rolande.
Jardel-Larroque', 12....	Avenue de Paris. — Rue Serr.
Jardin (du)	*Voyez* rue Chaumet.
Jardin-des-Plant. (du) 4.	Fondaudége. — Lagrange.
Jardin-Public (du), 2...	D'Aviau. — St-Louis.
Jean-Burguet, 9.........	Rue de Cursol. — Cours d'Aquitaine.
J.-J.-Bel, 3.............	Allées de Tourny. — Rue Mably.
J.-J.-Rousseau, 5........	Pl. des Grands-Hommes. — R. Condillac.
Joséphine, 1............	Lombard. — Surson.
Jouannet, 5.............	Place St-Remi. — Rue St-Remi.
Judaïque, 4, 6...........	Place Dauphine. — Rue Pierre.
Julie, 10...............	Laville. — Mazagran.
Kiéser, 4...............	Nauville. — Benatte.
Kyrié, 10...............	Route d'Espagne. — Rue de Bègles.
Labirat (de), 8..........	Ste-Catherine. — Ste-Eulalie.
La Boëtie, 6............	Bouffard. — Dauphine.
La Brède, 10............	Rue de Bègles. — Saint-Jacques.
Labottière, 4...........	De l'Arsenal. — Croix-de-Seguey.
Lacave, 6..............	Place Mériadeck. — Rue St-Bruno.
Laclotte, 4.............	De la Fondaudége. — Du Réservoir.
Lacornée, 7, 9..........	Cours Cicé. — Cours Champion.
Lacour, 2..............	Mandron. — Lechapelier.
Lacroix, 4.............	De la Trésorerie. — De Lerme.
Lafaurie-de-Monbadon, 5..	Cours de Tourny. — Place Fondaudége.
Lafayette, 5............	Place Richelieu. — Allées d'Orléans.
Lafiteau, 11............	R. des Terres-de-Bordes. — Place Belcier.

RUES.	COMMENCEMENT ET FIN.
Lafon *, 12	Avenue de Paris. — Rue Montméjan.
Lafontaine, 10	Route de Toulouse. — Place Ferbos.
Lagrange, 1, 2, 4	Cours Portal. — Rue David-Johnston.
Lajarte, 10	Route d'Espagne. — Route de Toulouse.
Lalande (de), 8	Cour Napoléon. — Place Henri-IV.
Laliment, 6	Judaïque. — De Fleurus.
Lamartinie, 9	De Pessac. — Du Tondu.
Lambert, 6	St-Sernin. — De la Chartreuse.
Lamourous (de), 9	De Pessac. — De St-Genès.
Lana (de), 1	Delord.
Landiras (de), 9	Du Tondu. — De Pessac.
Langon, 10.:	Malbec. — Pelleport.
Laporte, 4	David-Johnston. — Laroche.
Larmée, 6	Brizard. — Pierre.
Laroche, 4	David-Johnston. — De l'Arsenal.
Laseppe (de), 4	Lagrange. — De l'Arsenal.
Lasabathie, 11	Belcier. — De la Seiglière.
Lasserre, 11	Francin.
Laterrade, 6	Rue Lambert. — Place Mériadeck.
La-Tour-d'Auvergne, 2.	Du Jardin-Public. — Ducau.
Latour, 2	Quai des Chartrons. — Rue Notre-Dame.
Latour-du-Pin (de), 8...	Place Bourgogne. — Quai des Salinières.
Laujac, 2	Mandron. — Lechapelier.
Lauriers (des), 5	Rue St-Remi. — Place du Parlement.
Lavaud (de), 11	De Bègles. — D'Aubidey.
Lavie, 6	Cours d'Albret. — Rue Mériadeck.
Laville, 4	Terre-Nègre. — Bel-Orme.
Laville, 10	Route de Toulouse. — Rue St-Jacques.
Laville-Fatin *, 12	Avenue de Paris.
Lavoir (du). 4	Laroche. — La Roquette.
Leberthon, 9	Cours d'Aquitaine. — Route de Bayonne.
Lebrun, 4	Palais-Gallien. — St-Sernin.
Lechapelier, 2, 4	David-Johnston. — Lagrange.
Lecocq, 7	Cours d'Albret. — Boulevard Johnston.
Lentillac (de), 10	Peyronnet. — Des Étables.
Le Raynart, 10	Carpenteyre. — Sainte-Croix.
Léon-Paillère, 11	Passage à niveau. — Boulevard J.-J.-Bosc.
Lerme (de), 4	Rue Capdeville. — Place de Lerme.
Le-Tellier, 12	Quai Deschamps. — Rue de la Benauge.
Leupold, 5	De la Bourse. — Cour-des-Aides.
Leyteire, 8, 10	Cours Napoléon. — Cours St-Jean.
Lhôte, 5	Huguerie. — Fondaudège.
Lobas, 10	Du Port. — St-Benoît.
Lombard, 1	Q. de Bacalan. — C. Balguer.-Stuttenberg.
Lormont (de), 1	Quai de Bacalan.

1*

RUES.	COMMENCEMENT ET FIN.
Louis, 3......................	R. Esprit-des-Lois. — C. du Chap.-Rouge.
Loup (du), 3..............	R. du Pas-St-Georges. — Pl. Pey-Berland.
Lufflade, 4.................	Maleret. — Paulin.
Luckner, 2.................	Ste-Elisabeth. — Traversière.
Lyon (de), 4...............	Croix-Blanche. — Mondenard.
Mably, 3.	Place du Chapelet. — Rue J.-J.-Rousseau.
Macaire (St-), 10........	Route d'Espagne. — Rue de Bègles.
Madère *, 12..............	Avenue de Paris. — Rue Montméjan.
Magendie, 8..............	Ste-Catherine. — Ste-Eulalie.
Magot, 9.................	Pagès. — Lamartinie.
Maison-Daurade, 3......	Des Piliers-de-Tutelle. — Ste-Catherine.
Malbec, 10, 11............	Cours St-Jean. — Rue de Bègles.
Maldant, 1................	R. de Lormont. — C. Dupré-St-Maur.
Maleret, 4................	Planturable. — Fondaudége.
Malescaut, 10............	Rue Monthyon. — Route d'Espagne.
Malet, 10.................	Rue des Douves. — Cours St-Jean.
Mandron, 2..............	De la Course. — Lagrange.
Manége (du), 4, 6.......	Allées Damour. — Rue D'Arès.
Marais (du), 6, 7........	Cours Cicé. — Rue Poirier.
Marbotin, 10.............	Du Hamel. — Des Douves.
Marengo, 8..............	Pl. des Cordeliers. — Rue Permentade.
Margaux, 5..............	Ste-Catherine. — Castillon.
Marmanière, 1..........	Quai de Bacalan. — Rue Dupaty.
Marseille (de), 4........	Rue de Caudéran. — Boul. de Caudéran.
Martignac, 3.............	C. de l'Intendance. — Pl. du Chapelet.
Martin, 6.................	Rue d'Arès. — Cours de l'Impératrice.
Mathieu, 7...............	Rue du Tondu. — Place du Cimetière.
Matignon, 4.............	De la Fondaudége. — David-Johnston.
Maubec, 8................	De la Fusterie. — Des Faures.
Maubourguet, 4.........	Fondaudége. — David-Johnston.
Maucaillou (du), 8......	Permentade. — Saumenude.
Maucoudinat, 5..........	Des Bahutiers. — Du Pas-St-Georges.
Maucouyade, 7......... ...	Des Ayres. — Des Herbes.
Mauriac, 8...............	Cours Napoléon. — Rue des Faures.
Maurice, 1...............	Q. des Chartr. — C. Balguer.-Stuttenberg.
Mauvezin, 9.............	Du Tondu. — De Pessac.
Mautrec, 3..............	Place de la Comédie. — Pl. du Chapelet.
Maydieu, 2..............	St-Joseph. — Plantey.
Mazagran, 10............	St-Jacques. — Route de Toulouse.
Mazarin, 9..............	Villedieu. — Pavillon.
Menuts (des), 8..........	Des Faures. — Permentade
Merci (de la), 3..........	Arnaud-Miqueu. — Ste-Catherine.
Mercière, 9.............	Route de Bayonne. — Route de Toulouse.
Mériadeck, 6, 7..........	Judaïque. — De Pessac.
Mérignac, 5...............	Puits-Descujols. — Parlement-St-Pierre.

RUES.	COMMENCEMENT ET FIN.
Merle, 6..................	D'Arès. — Lambert.
Méry, 4..................	De la Roquette. — Lechapelier.
Métivier, 5..............	St-Remi. — Parlement-Ste-Catherine.
Michel, 2................	C. du Jardin-Public. — R. du Jard.-Public.
Michel-Montaigne, 5....	Allées de Tourny. — Pl. des Gds-Hommes.
Millanges. 5.............	Trois-Chandeliers. — Pas-St-Georges.
Millière, 9..............	Rue Villedieu. — Route de Bayonne.
Mingin	Voyez rue Magendie.
Minimes (des)...........	Voyez rue du Palais-de-Justice.
Minimettes (des)........	Voyez rue Cabirol.
Minvielle, 2.............	Pomme d'Or. — Du Jardin-Public.
Mirail (du), 8...........	Cours Napoléon. — Rue des Augustins.
Miramont, 10............	Quai de Paludate. — Cours St-Jean.
Miséricorde (de la), 8...	Place Henri-IV. — Rue Ste-Eulalie.
Monbazon, 6.............	Des Remparts. — Cours d'Albret.
Mondenard, 4...........	Rue de la Trésorerie. — Cours St-Médard.
Monnaie (de la), 10.....	Quai de la Monnaie. — Pl. de la Monnaie.
Montagne, 7.............	De la Rousselle.
Montaigne, 7............	Des Ayres. — St-Antoine.
Montfaucon, 10..........	Cours St-Jean. — Rue Ferbos.
Montgolfier, 2...........	Mandron. — Lagrange.
Montesquieu, 5..........	Pl. des Grands-Hommes. — C. de l'Intend.
Montméjan, 5...........	Castillon. — Des Facultés.
Montméjan-la-Bastide *, 12	Pl. Napoléon. — Rue Durand.
Monthyon, 10............	Cours St-Jean. — Ancien ch. de Bègles.
Morion, 41..............	Terres-de-Bordes. — Gare du Midi.
Moulin (du), 10..........	Rue du Port. — Place du Moulin.
Moulinié, 8..............	Ste-Catherine. — De Lalande.
Mouneyra, 7, 9..........	Cours d'Albret. — Boulevard du Tondu.
Mouton, 10..............	De l'Abattoir. — Gerbier.
Muguet, 7...............	De la Rousselle. — Renière.
Mulet, 5.................	Pas-St-Georges. — Arnaud-Miqueu.
Naujac, 4...............	R. de la Trésorerie. — Boul. de Caudéran.
Nauville, 4, 6...........	D'Arès. — Cotrel.
Navarre, 9..............	Du Tondu. — De Pessac.
Nérigean, 10............	Ste-Croix. — Traversanne.
Neuve, 7................	De la Rousselle. — Renière.
Neuve-de-l'Intendance.	Voyez rue Guillaume-Brochon.
Nice (de) *, 12..........	Cours Le Rouzic. — Rue Bonnefin.
Nicot, 9.................	D'Ornano. — Du Hautoir.
Notre-Dame, 2..........	C. du Pavé-des-Chartrons. — R. Barreyre.
Noviciat (du), 10........	Place Ste-Croix. — Rue Berrouet.
Nuyens *, 12............	Quai de Queyries.
Observance (de l'), 8...	Cours Napoléon. — Rue St-François.
Orléans (d'), 5..........	Rue Esprit-des-Lois. — Allées d'Orléans.

RUES	COMMENCEMENT ET FIN.
Ormeau-Mort (de l'), 9.	Du Tondu. — De Pessac.
Pagès, 9	De Pessac. — Du Tondu.
Paix (de la), 4	Durand. — Capdeville.
Palais-Gallien (du) 3, 4.	Place Dauphine. — Rue Fondaudège.
Palais-de-Justice, 7	Place Rohan. — Rue de Cursol.
Palais-de-l'Ombrière, 5.	Place du Palais. — Rue des Bahutiers.
Palanque (de la), 11	Cours St-Jean.
Palanques (des), 7	Place Pey-Berland. — Rue du Hà.
Parlem.-Ste-Cath., 5	Rue des Faussets. — Rue Ste-Catherine.
Parlem.-St-Pierre, 5	Rue des Faussets. — Pl. du Parlement.
Pas-St-Georges (du), 5.	Pl. du Parlement.—Pl. du Vieux-Marché.
Paulin, 4	Mondenard. — Croix-de-Seguey.
Pavillon (du), 9	Rue de St-Genès. — Rue Millière.
Pélegrin, 7	Pl. Pey-Berland. — Pl. Ste-Eulalie.
Pelleport, 10	Rte de Toulouse.—Rue St-Vinc.-de-Paul
Pénicaud, 1	R. Pomme-d'Or. — C. Balg.-Stuttenberg.
Pépinière, 6	Rue de la Chartreuse. — R. Belleville.
Permentade. 8	Du Maucaillou. — Des Augustines.
Pessac (de), 9	Rue de Berry. — Boul. de ceinture.
Peugue (du), 5, 7	Quai Bourgogne.—R. Duffour-Dubergier.
Peyronnet, 10, 11	Quai de Paludate. — Cours St-Jean.
Picard, 12	Rue Sainte-Sophie.
Pierre, 6	Rue Judaïque. — Rue d'Arès.
Pilet, 8	Cours Napoléon. — Rue Dabadie.
Piliers-de-Tutelle, 5, 5.	C. du Ch.-Rouge.—R. Parlem.-Ste-Cath.
Pineau (de), 12	Av. de Paris. — Rue Saint-Romain
Planterose, 8, 10	Ste-Croix. — Traversanne.
Plantevigne, 11	Rue de La Seiglière.
Plantey, 1, 2	Cours Portal. — Rue du Jardin-Public.
Planturable, 4	Du Palais-Gallien. — Paulin.
Plate-Forme (de la), 7.	Du Palais-de-Justice. — De Cursol.
Poirier, 6	Cours d'Albret. — Rue Belleville.
Poissac (de), 6	Cours d'Albret. — Rue St-Bruno.
Poitevin, 7	St-Fort. — Turenne.
Poitevine, 5, 7	Pl. du Palais. — Rue du Pas-St-Georges.
Pomme-d'Or, 1, 2	Notre-Dame. — Barreyre.
Pommiers (des), 8	Du Maucaillou. — Leyteire.
Pont-de-la-Mousque, 5.	C. du Chap.-Rouge.— R. des Pil.-de-Tutelle.
Pont-du-Guit (du), 11	Des Terres-de-Bordes.— St-Vincent-de-P.
Pont-St-Jean (du), 7	Ausone. — De la Chapelle-St-Jean.
Pontets (des), 8	De la Fusterie. — Cours Napoléon.
Port (du), 10	Quai Ste-Croix. — Rue Ste-Croix.
Portail (du), 10	Pl. Ste-Croix. — Pl. de la Monnaie.
Porte-Basse, 5, 7	Du Loup. — Des Ayres.
Porte-du-Caillou, 5, 7.	Quai Bourgogne. — Rue Ausone.

RUES	COMMENCEMENT ET FIN
Porte-Dijeaux, 5, 5......	Ste-Catherine. — Pl. Dauphine.
Porte-des-Portanets, 7..	Quai Bourgogne. — Rue des Portanets.
Porte-Saint-Jean, 7.....	Quai Bourgogne. — Rue de la Rousselle.
Poudensan, 4.............	Naujac. — De la Fondaudége.
Poudiot...................	*Voyez* rue Teulère.
Poyenne, 1...............	Q. des Chartrons.— C. Balguerie-Stuttenb.
Pradel, 5.................	Vital-Carles. — Créon.
Preignac, 10.	Rue Malbec. — Rue Pelleport.
Prévôté (de la), 4........	Rodrigues-Pereire. — De la Trésorerie.
Prosper, 7................	Cours d'Albret. — Rue Mériadeck.
Prunier, 1................	C. Balguerie-Stuttenb.—R. du Jard.-Publ.
P.-Descazeaux (du), 7..	De la Rousselle. — Renière.
Puits-Descujols (du), 5.	Leupold. — De la Bourse.
Puy-Paulin...............	*Voyez* Rue Combes.
Puységur, 9..............	R. Dubourdieu. — Boul. de ceinture.
Q.-Bourgeois (du), 5, 7.	R. de la Cour-des-Aides. — Q. Bourgogne
Queyries (de)*, 12......	Quai de Queyries.
Quintin, 9...............	Rue de Pessac.
Ramonet, 2..............	Quai des Chartrons. — Rue Pomme-d'Or.
Rateau, 10..............	Fonfrède. — Riauzac.
Ravez, 5, 7..............	Pl. du Grand-Marché. — Rue du Loup.
Raze, 2.................	Quai des Chartrons. — Rue Notre-Dame.
Religieuses (des)........	*Voyez* rue Thiac.
Remparts (des), 5, 6....	Porte-Dijeaux. — Des Trois-Conils.
Renière, 7..............	De la Rousselle. — Bouquière.
Réole (de la), 10........	De Bègles. — Malbec.
Répond, 4	Croix-Blanche. — Mondenard.
Réservoir (du), 2, 4....	Duplessis. — St-Laurent.
Résiniers (des), 11.....	Estey-de-Bègles. — Cazaubon.
Retaillons (des), 1.......	Pomme-d'Or. — Lagrange.
Riauzac, 10.............	Route d'Espagne. — Rue Lajarte.
Richard, 11.............	Des Terres-de-Bordes. — Cabanac.
Rives *, 12.............	Quai de Queyries.
Rivière (de), 1..........	De l'Arsenal. — Boulev. du Bouscat.
Rochambeau, 2..........	De la Course. — Lagrange.
Rocher (du), 6..........	De la Chartreuse. — Belleville.
Rode, 2.................	Rue Ste-Thérèse. — Cours Portal.
Rodrigues-Pereire, 4....	Allées Damour. — Rue de la Trésorerie.
Rohan, 6...............	Pl. Rohan. — Cours d'Albret.
Rolande *, 13...........	Av. de Paris. — Rue Serr.
Rolland, 5..............	Cours de Tourny.— R. du Palais-Gallien.
Roquette (de la), 4......	Lechapelier. — Du Lavoir.
Rosalie, 11.............	Morion. — Lafiteau.
Rose, 1.................	R. Pomme-d'Or.— C. Balguerie-Stuttenb.
Rougier, 6.............	St-Sernin. — St-Bruno.

RUES	COMMENCEMENT ET FIN.
Roullet, 11...............	R. des Terres-de-Bordes. — Pl. Belcier.
Rousselle (de la), 7.....	R. de la Chapelle-St-Jean.—C. Napoléon.
Sablières (des), 9.......	Route de Bayonne. — R. Grateloup.
Saget (de), 11..........	Q. de Paludate.—R. de l'Estey-de-Bègles.
Saige, 5.................	R. Ste-Catherine. — Pl. Puy-Paulin.
Soissons, 4.............	Rue Nauville. — Rue Benatte.
Ste-Anne, 11...........	Belcier. — De la Seiglière.
St-Antoine, 7...........	Des Ayres. — Ste-Catherine.
St-Benoît, 10...........	Carpenteyre. — Ste-Croix.
St-Bruno, 6, 7, 9.......	D'Arès. — Du Tondu.
Ste-Catherine, 3, 5, 7, 8	C. du Chap.-Rouge. — Pl. int. d'Aquitaine.
Ste-Cécile, 9...........	Mouneyra. — Du Tondu.
St-Charles, 10..........	Pl. des Capucins. — Rue de l'Abattoir.
St-Christoly, 5.........	Montméjan. — Beaubadat.
St-Clair, 4, 6..........	Ségalier. — D'Arès.
St-Claude, 6, 7, 9......	D'Arès. — Du Tondu.
Ste-Colombe, 7.........	De la Chaplle-St-Jean. Pl.du Vieux-Marché
Ste-Croix, 8, 10........	Pl. Canteloup. — Rue du Port.
Ste-Elisabeth, 2........	Du Jardin-Public. — Lagrange.
St-Esprit, 1, 2.........	Quai des Chartrons. — R. Pomme-d'Or.
St-Etienne, 4..........	Tronqueyre. — De la Concorde.
Ste-Eugénie, 2.........	Frère. — St-Joseph.
Ste-Eulalie, 7, 8.......	Cours Napoléon. — Rue Tanesse.
St-Fort, 4.............	Du Palais-Gallien. — Tronqueyre.
St-François, 8.........	Pl. du Marché-Neuf. — R. du Mirail.
Ste-Gemme.	*Voyez* rue Guérin.
St-Genès (de), 9.......	Rue de Berry. — Boulev. de Talence.
Ste-Geneviève, 9.......	Rte de Bayonne. — Rue Grateloup.
Ste-Hélène, 5.........	Des Trois-Conils. — Pl. Pey-Berland.
St-Hubert, 2...........	Ste-Elisabeth. — Mandron.
St-Jacques, 10.........	Cours St-Jean. — Rue Lajarte.
St-James, 7...........	Pl. du Vieux-Marché. — C. Napoléon.
St-Jean, 10...........	Anc. chemin de Bègles.—R. Lafontaine.
St-Joseph, 2..........	Notre-Dame. — Du Jardin-Public.
St-Laurent, 4.........	Fondaudège. — David-Johnston.
St-Louis, 1...........	C. Balguerie-Stuttenb.—R. du Jard.-Publ.
Ste-Luce, 4...........	De Lerme. — Caussan.
Ste-Marie, 4..........	R. Terre-Nègre. — Boulev. de Caudéran.
Ste-Marie , 12.........	Av. de Paris. — R. Serr.
St-Martin , 12.........	Dasvin.
St-Maur, 2............	Mandron. — Ste-Elisabeth.
St-Michel, 2...........	Du Jardin-Public. — St-Joseph.
St-Nicolas, 9..........	Rte de Bayonne. — Rte de Toulouse.
St-Paul..............	*Voyez* rue des Facultés.
Ste-Philomène, 1.......	Poyenne. — Denize.

RUES	COMMENCEMENT ET FIN.
St-Pierre, 5...............	Pl. St-Pierre. — R. Maucoudinat.
St-Remi. 5, 5.............	Pl. de la Bourse. — Rue Ste-Catherine.
St-Remi (petite rue)....	*Voyez* rue Jouannet.
St-Romain *, 12.........	Pl. Napoléon. — R. Serr.
St-Sernin, 4, 6..........	C. d'Albret. — R. de la Trésorerie.
St-Siméon, 5..............	Du Pas-St-Georges. — Arnaud-Miqueu.
Ste-Sophie...............	*Voyez* rue Desfourniel.
Ste-Sophie *, 12.........	Montméjan. — Durand.
Ste-Thérèse, 2..........	Sicard. — St-Joseph.
St-Thibaut, 11...........	Q. de Paludate. — Rue Soulier.
St-Thomas...............	*Voyez* rue La Boétie.
St-Vincent-de-Paul, 11..	C. St-Jean. — R. du Pont-du-Guit.
Saincric, 8.	Pl. Henri-IV. — R. Henri-IV.
Saintonge (pet. rue), 9.	Saintonge. — Navarre.
Saintonge, 9.............	Cours Champion.—Petite rue Saintonge.
Salpétrière (de la)......	*Voyez* rue Lothe.
Sarrette, 11..............	Pl. Belcier. — Gare du Midi.
Sau (de la), 7............	St-James. — Désirade.
Saubat, 9.................	Du Pavillon. — De St-Genès.
Sauce, 2.................	Laroche. — De l'Arsenal.
Saujon (du), 11.........	Malbec. — Saint-Vincent-de-Paul.
Saumenude, 10.	Du Maucaillou. — Du Hamel.
Sauteyron, 9.............	Rue Millière. — Pl. d'Aquitaine.
Savoie (de) *, 12........	Cours Le Rouzic. — Rue Bonnefin.
Sèze (de), 5..............	Pl. des Quinconces. — All. de Tourny.
Ségalier, 4...............	All. Damour. — Rue Durand.
Seguin, 4................	Mondenard. — Naujac.
Ségur....................	*Voyez* de Cursol.
Ségur (de), 9............	De Pessac. — De St-Genès.
Séglière (de la), 11....	Q. de Paludate. — R. du Pont-du-Guit.
Séraphin, 6..............	Nauville. — Chauffour.
Serpolet (du), 5.........	St-Siméon. — Du Loup.
Serpora (du), 11........	Veyssière.
Serr *, 12............ ..	Q. de Queyries. — Rue Rolande.
Servandoni, 7...........	Cours d'Albret. — Pl. Rodesse.
Sicard, 2................	R. Notre-Dame. — C. Portal.
Soleil (du), 7............	De la Rousselle. — Puits-Descazeaux.
Solférino, 9.............	De St-Genès. — Cantecrit.
Soulier, 11.	De l'Estey-de-Bègles. Des Terr.-de-Bordes
Souys (de la), *, 12......	De la Benauge. — De Lestonnat.
Succursale, 9............	Saubat. — Millière.
Sullivan, 6..............	Rue d'Arès. — Pl. Tartas.
Sully, 4.................	Paulin.
Surson, 1................	Q. de Bacalan. — C. Balguerie-Stutlenb.
Tanesse, 8, 9............	Pl. Ste-Eulalie. — R. Villedieu.

RUES.	COMMENCEMENT ET FIN.
Tanneries (des), 5......	R. Fondaudége. Pl. du Champ-de-Mars.
Tastet 7...................	Cours d'Albret. — Rue St-Claude.
Taupe (de la)............	Voyez rue Lafaurie-de-Monbadon.
Temple (du), 3, 5......	C. de l'Intendance. — Rue Montméjan.
Temps-Passé (du), 4. ...	Matignon. — David-Johnston.
Terre-Nègre, 4..........	R. Mondenard. — Petit chemin d'Eysines
Terres-de-Bordes, 11...	Q. de Paludate. — R. du Pont-du-Guit.
Teulère, 7................	Bouquière. — St-James.
Théodore-Ducos, 9.....	De Pessac. — Du Tondu.
Thiac, 4..................	Du Palais-Gallien. — Rodrigues-Pereire.
Tiffonet, 10.............	Route de Toulouse. — C. St-Jean.
Tilleuls (des), 6.........	St-Claude. — D'Arès.
Tivoli (de), 1............	R. de l'Arsenal. — Boulev. du Bouscat.
Tombeloly, 8............	Ste-Catherine. — Place Henri-IV.
Tondu (du), 9............	C. d'Albret. — Boulev. du Tondu.
Tour-de-Gassies, 5.....	Des Bahutiers. — Des Argentiers.
Tour-du-Pin, 8..........	Pl. Bourgogne. — Q. de la Grave.
Tourat, 2.	R. Notre-Dame. — C. du Jardin-Public.
Tramassé, 1..............	Q. des Chartrons. — R. Dupaty.
Traversanne, 10........	Des Vignes. — Du Maucaillou.
Traversière, 2...........	Pl. Fégère. — R. Lagrange.
Treilles (des)............	Voyez rue de Grassi.
Trésorerie (de la), 4....	Capdeville. — Fondaudége.
Treuils (des), 9.........	De Pessac. — De Ségur.
Tr.-Chandeliers(des),5.	Maucoudinat. — Des Combes.
Trois-Conils (des), 5....	Pl. St-Projet. — R. des Remparts.
Tronqueyre.............	Voyez rue Rodrigues-Pereire.
Turenne, 2, 4...........	Lafaurie-de-Monbadon. — De Lerme.
Tustal, 5.................	Pl. St-Projet. — R. de Cheverus.
Union (de l'), 6.........	Mériadeck.
Vache (de la), 5	Chai-des-Farines. — Des Argentiers.
Valdec, 6................	Du Manége. — D'Arès.
Vandebrande, 1.........	Flèche. — Barreyre.
Vantrasson, 4...........	Lagrange.
Vareilhes, 6.............	Rougier. — Lambert.
Vauban, 2...............	All. de Chartres.—C. Pavé-des-Chartrons.
Vauquelin, 11...........	Francin.
Verdier, 4...............	Naujac. — Ste-Marie.
Vergniaud, 2............	Mandron. — Lechapellier.
Verrerie (de la), 2......	C. Pavé-des-Chartrons. — R. Constantin.
Verte, 6.................	Pl. Mériadeck. — R. Bonafoux.
Verteuil, 6..............	Castelmoron. — Monbazon.
Veyrines, 8.............	Magendie. — Tombeloly.
Veyssière, 10...........	Vauquelin. — Du Saujon.
Vincendon, 6...........	R. Lavie. — Pl. Mériadeck.

RUES.	COMMENCEMENT ET FIN.
Victoire-Américaine, 5.	De la Fondaudége. — Hustin.
Victor, 5...................	R. des Trois-Conils. — Pl. Pey-Berland.
Videau, 10.................	Anc. chemin de Bègles. — R. de Bègles.
Vieille-Corderie.........	*Voyez* rue Leupold.
Vieille-Tour (de la), 5..	C. de l'Intendance. — R. Porte-Dijeaux.
Vignes (des), 10........	Ste-Croix. — Du Hamel.
Vilaris, 10...............	Pl. Ferbos. —R. Malbec.
Villedieu, 9..............	R. de Berry. — C. d'Aquitaine.
Villeneuve, 6............	Bouffard. — Dauphine.
Vincennes (de), 6.......	R. d'Arès. — C. de l'Impératrice.
Vinet, 5..................	Maucoudinat. — Cancera.
Vital-Carles, 5, 5........	C. de l'Intendance.—R. de l'Archevêché
Voltaire, 5...............	C. de l'Intendance.—Pl. des Gr.-Hommes.

ALLÉES

Boutaut (de), 1...........	R. Lagrange. — Boulev. du Bouscat.
Chartres (de), 2, 5......	Q. Louis-XVIII. — C. du XXX-Juillet.
Damour, 4................	R. Judaïque. — Pl. du Prado.
Noyers (des).............	*Voyez* rue David-Johnston.
Orléans (d'), 5...........	Q. Louis-XVIII. — C. du XXX-Juillet.
Tourny (de), 5...........	R. Mautrec. — Pl. Tourny.

AVENUES

Paris (de) *, 12...........	Pl. Napoléon. — Rte de Paris.
Rivière (de), 2...........	Rue Lagrange.

BOULEVARDS

Bouscat (du).............	Rte du Médoc.
Caudéran (de)............	R. d'Arès. — Rte du Médoc.
J.-J.-Bosc................	Q. de Brienne.
Pessac (de)..............	Du Tondu. — De St-Genès.
Talence (de).............	De St-Genès.
Tondu (du)..............	Du Tondu, d'Arès.

CALE

De la Monnaie, 10.......	Q. de la Monnaie.

CHEMINS

D'Arlac, 9...............	Chemins de Lévi et de Mouchoun.
D'Artiguemale, 9........	Chemin de Pessac.
De Berliquet, 9..........	Chemins d'Artiguemale et de Bethmann.
Des Carmes, 9...........	Chemins de Bethmann et de Borie.
De Cauderès.............	*Voyez* rue Bertrand-de-Goth.
Centujean, 9.............	Chênes-Liéges. Ch. de Doumerc. B. du Tondu.
Des Cossus, 4............	Rue de la Croix-de-Seguey.
De Darmagnac, 11.......	Rue du Pont-du-Guit.

CHEMINS.	COMMENCEMENT ET FIN.
Dutauzin, 9..............	Chemins de la Béchade et de Pessac.
D'Eysines (rue), 4.......	Rue de la Croix-de-Seguey.
De Labarde.............	Voyez cours Balguerie-Stuttenberg.
De la Béchade, 9........	Chemins du Tondu et Dutauzin.
Lescure, 9..............	Boulev. du Tondu. — Ch. de Doumerc.
De Lévi, 9..............	Chemin du Tondu.
De Luchey, 9............	Chemin de Boric.
De Mouchoun, 9........	Chemins du Tondu et d'Arlac.
De Pessac, 9.............	Boulevard de Pessac.
Pins (des), 9	Boulev. du Tondu. — Ch. de Doumerc.
Du Pont-Cassé, 6, 9.....	Chemins du Tondu et d'Arès.
Du Réservoir, 11........	Chemin de Saint-Vincent-de-Paul.
De St-Vinc.-de-Paul, 11	Saint-Vincent-de-Paul. — De Bègles.
De Ségur, 9..............	Voyez rue de Ségur.
Du Sablona, 9...........	Rte de Toulouse. — Chem. de Caudères.
Du Tondu, 9.............	Boulev. du Tondu.

COURS

Albret (d'), 6, 7.........	R. Dauphine. — C. d'Aquitaine.
Aquitaine (d'), 7, 9....	C. Champion. — Pl. d'Aquitaine.
Balguerie-Stuttenberg,1	R. Baste. — C. Dupré-de-Saint-Maur.
Champion, 7, 9..........	Pl. Rodesse. — C. d'Albret.
Chap.-Rouge (du), 5, 5.	Pl. Richelieu. — Pl. de la Comédie.
Cicé, 6, 7................	R. Lavie. — Pl. Rodesse.
Dupré-St-Maur, 4......	C. Balguerie-Stuttenberg. Boulevard.
Église (de l') *, 12......	R. de la Benauge. — Av. de Paris.
Gourgues (de), 5........	C. du XXX-Juillet.—C. du Jardin-Public.
Impératrice (de l'), 6...	R. Pierre. — Boulev. de Caudéran.
Intendance (de l'), 5....	Pl. de la Comédie. — Pl. Dauphine
Jardin-Public (du), 2,5.	Pl. Tourny. — C. Portal.
Journu-Aubert, 4........	C. Balguerie-Stuttenberg. —Boulevard.
Larcher, 1.	Q. de Bacalan.—C. Balguerie-Stuttenberg
Le Rouzic *, 12..........	Av. de Paris. — R. de la Benauge.
Du Médoc, 4.............	Boulevard de Caudéran.
Napoléon, 7, 8...........	Pl. Bourgogne. — R. des Ayres.
Pavé-des-Chartr. (du),2	Q. des Chartrons.— C. du Jardin-Public.
Portal, 1, 2..............	C. du Jardin-Public. — R. Lagrange.
Saint-André.	Voyez cours Portal.
Saint-Louis, 1...........	R. Lagrange. — C. Journu-Aubert.
Saint-Jean, 10, 11......	Pl. d'Aquitaine. — R. Terres-de-Bordes.
Saint-Médard (de), 4...	R. Croix-Blanche. — Boul. de Caudéran.
Tournon (de), 5........	Pl. des Quinconces.—Pl. Tourny.
Tourny (de), 4..........	Pl. Dauphine. — Pl. Tourny.
Trente-Juillet (du), 2, 5	Pl. de la Comédie.—C. du Pavé-des-Chart.
Trugey* (de), 12........	Q. Deschamps. — R. de la Benauge.

CITÉS	COMMENCEMENT ET FIN.
Bonnefin, 9...............	R. de Pessac.
Dunoyer, 9...............	Ch. du Tondu.
Falgerat, 6...............	R. Fosse-aux-Lions.
Saint-Sernin, 7..........	R. St-Sernin, Turenne, Poitevin, St-Fort.
IMPASSES	
Angaud, 4................	R. Fondaudége, 154 et 156.
Argentiers (des), 5.....	Des Argentiers, 55 et 55.
Ayres (des), 7...........	Rue des Ayres, 39 et 41.
Barbot, 3................	Place Fondaudége, 10 et 11.
Bardos, 11..............	Rue Malbec.
Barran, 1................	Quai de Bacalan. — Rue de Lormont.
Barreau, 9..............	Route de Bayonne.
Barreyre, 1.............	Rue Bareyre, 12.
Beaujau, 2..............	Rue Notre-Dame, 54 et 56.
Berthus, 5..............	Rue Du Palais-Gallien, 56 et 58.
Birouette, 7............	Rue du Hâ, 5 et 7.
Boileau, 11.............	Rue des Terres-de-Bordes.
Bouquière, 7........	Rue Bouquière, 30 et 32.
Bouscatier, 9.	Rue de Pessac.
Brian, 9.................	Passage Brian.
Briolle, 6...............	Rue d'Arès.
Caillabet, 7.	Rue de Cursol, 44 et 46.
Cazaubon, 10...........	Rue de Bègles.
Cazemajour, 10.........	De Bègles, 99 et 105.
Cellier (du), 9..........	Route de Bayonne.
Chambres (des), 11.....	Cours Saint-Jean, 217.
Chanau, 9...............	De Pessac.
Chève, 11...............	Des Terres-de-Bordes.
Colignan, 6.............	Rougier.
Comayrou, 11...........	Caussade.
Conilh, 6...., ...	D'Arès, 82 et 84.
Conti, 9.................	Route de Bayonne, 87 et 89.
Cornac, 2............, ...	De la Course.
Couvent (du), 2.........	Notre-Dame.
Deyries, 9...............	Des Sablières.
Desclaux, 11............	Des Terres-de-Bordes.
Douhet, 5...............	St-Remi, 5 et 7.
Dubois, 1....., ...	Quai de Bacalan. — Rue de Lormont.
Dufour, 4...............	Place Fondaudége, 8 et 9.
Duffour-Dubergier, 7....	Duffour-Dubergier, 18 et 12.
Fabreguettes, 2.........	David-Johnston.
Fenouil, 4..............	Du Palais-Gallien, 111 et 115.
Franklin, 4.............	Du Palais-Gallien.
Gants (des), 9..........	Des Gants.

IMPASSES	COMMENCEMENT ET FIN.
Goave (du Petit-), 6....	D'Arès. — Judaïque.
Gourgues (de), 7........	Place du Grand-Marché.
Grammont, 11............	Quai de Paludate, 86 et 87.
Gratte-Cap, 10	Ferbos.
Guestier, 2...............	Notre-Dame.
Guiraude, 5...............	Guiraude, 5 et 5.
Hostins, 11...............	Hostins.
Hustin, 5.................	Hustin, 4 et 6.
Lacoste, 9................	Rte de Bayonne, 49 et 51.
Laforêt, 9................	Des Sablières, 2 et 4.
Laurendon, 9............	De Pessac.
Laville, 10...............	Saint-Jacques.
Leyzat, 9.................	Rte de Bayonne, 146 et 148.
Loup (du), 5.............	Du Loup, 16 et 18.
Margaux, 5..............	Margaux, 25 et 27.
Maubec, 8...............	Maubec.
Mauriac, 8...............	Cours Napoléon, 16 et 18.
Merci (de la), 5..........	De la Merci, 9 et 11.
Michel, 2.................	Pl. Michel.
Minimettes (des), 7.....	Cabirol.
Morin, 11................	Des Terres-de-Bordes.
Morion, 11...............	Des Terres-de-Bordes.
Neuve (de la Rue-), 7...	Neuve, 15 et 17.
Notre-Dame, 2...........	Notre-Dame.
Pas-St-Georges (du), 5.	Pas-St-Georges, 72 et 74.
Payault, 11..............	Des Terres-de-Bordes. — Cambon.
Pomme-d'Or, 1..........	Pommes-d'Or, 57 et 59.
Poyenne, 1...............	Poyenne.
Rateau, 10...............	Rateau.
Renard, 11...............	Des Terres-de-Bordes.
Sablières (des), 4........	De la Croix-de-Seguey.
Saige, 1..................	Quai de Bacalan.
Saillan, 10...............	Beaufleury.
St-Éloi, 7................	St-James, 41.
St-Hélène, 5.............	Ste-Hélène, 6 et 8.
Ste-Cadenne, 8..........	Pl. du Marché-Neuf.
Ste-Catherine, 5.........	Ste-Catherine, 51 et 55.
St-James, 7..............	St-James, 22 et 24.
Saint-Jean, 10...........	Cours Saint-Jean, 85 et 85.
St-Lazare, 4.............	Du Palais-Gallien.
St-Louis, 1..............	St-Louis, 29.
St-Martial, 1............	Poyenne.
St-Pierre, 5.............	Pl. St-Pierre, 8 et 9.
St-Paul, 7...............	Des Ayres, 8 et 10.
St-Projet, 5.............	Pl. St-Projet, 8

IMPASSES	COMMENCEMENT ET FIN.
Serpora (du), 11.........	Ch. de St-Vincent-de-Paul.
Sophie *, 12...............	La Bastide.
Soubiran, 9...............	Sauteyron, 53 et 55.
Surson, 1...................	Quai de Bacalan. — Rue Surson.
Tanneries (des), 3.......	Des Tanneries, 63 et 65.
Tastet, 10.................	Quai de Paludate, 108 et 109.
Terres-de-Bordes, 11...	Des Terres-de-Bordes.
Thibeau, 9................	Rte de Bayonne, 93 et 95.
Thouret, 1................	Quai de Bacalan.
Tourney, 10..............	De Bègles, 69 et 73.
Triquat, 1................	Quai de Bacalan.
Union (de l'), 6..........	Judaïque, 36 et 38.
Victoire-Américaine, 5.	Hustin, 3 et 5.
Vieille-Tour, 3...........	Vieille-Tour, 22 et 24.
Vieux-Marché, 7.........	Pl. du Vieux-Marché, 15 et 16.

PASSAGES

Bazar-Bordelais, 5.......	Ste-Catherine. Arn.-Miqueu. Du Cancera.
Belair, 10.................	Belair.
Birly, 9...................	Rte de Toulouse, 225 et 227.
Brian, 9..................	Rte de Bayonne.
Deyries, 10..............	Brémontier. — St-Jacques.
Ducom, 9.................	Rte de Bayonne, 238.
Faure, 9..................	Du Tondu. — Mouneyra.
Fégère, 2.................	Du Jardin-Public.
Galerie-Bordelaise, 3....	Ste-Catherine. — Piliers-de-Tutelle.
Hôpital (de l'), 7........	De Cursol. — Du Hâ.
Kiéser, 4..................	Durand. — Nauville.
Lafontaine, 10...........	Lafontaine.
Laliment, 6...............	Laliment. — Mériadeck.
Lentillac (de), 10........	De Lentillac.
Moreau, 10...............	St-Jacques.
Nansouty, 10.............	Rte de Toulouse.
Pavault, 11...............	Des Terres-de-Bordes.
Ste-Colombe, 7..........	Bouquière. — Ste-Colombe.
Ste-Marie, 4.............	Fondaudège.
Tanneries (des), 3.......	R. des Tanneries. — Imp. des Tanneries
Vandebrande, 1.........	Vandebrande. — Barreyre.
Waux-Hall, 3............	Porte-Dijeaux, 99.
Violet, 2.................	Cantemerle.

PLACES	VOIES QUI ABOUTISSENT SUR CES PLACES
Aquitaine (d') int., 8....	Ste-Catherine. — Saincric. — Bigot.
— extérieure, 8, 9, 10.	C. d'Aquitaine, St-Jean. Rte de Bayonne, Toulouse. R. des Incurables, de Candale.

PLACES	VOIES QUI ABOUTISSENT SUR CES PLACES.
Archevêché (de l'), 5...	De l'Archevêché.Vital-Carles, Ste-Hélène. Pl. Pey-Berland.
Armes (d'), 7.............	De Cursol. Du Palais-de-Justice. Jean-Burguet. Cours d'Albret.
Augustins (des), 8.......	Ste-Catherine. Des Augustins.Tombeloly.
Belcier, 11...............	Belcier. De Grammont, Roullet. Sarrete. Beck. De La Seiglière.
Bardineau, 2, 3.........	Duplessis. — Bardineau.
Belleville, 9.............	Mériadeck.
Bourgogne, 7, 8.........	Cours Napoléon.—Rue de la Tour-du-Pin. — Quais de Bourgogne, des Salinières.
Bourse (de la), 5........	St-Remi.—De la Bourse.—Des Faussets.
Canteloup, 8.............	Du Casse. — Ste-Croix.
Capucins (des), intér. 8, 10...................	Clare. —Bergeret. — Bigot. —Du Hamel.
— extérieure, 8, 10.	Porte des Capucins. — R. Saint-Charles. — Des Incurables. — Contrescarpe. — Rte d'Espagne. — Cours St-Jean.
Champ-de-Mars (du), 5.	Du Champ-de-Mars. — Des Tanneries.
Chapelet (du), 5.........	Mably.—J.-J.-Bel.—Mautrec.—Martignac
Cimetière (du), 6........	D'Ornano. — Mathieu.
Comédie (de la) 5........	All. de Tourny. C. de l'Intendance, du Chap.-Rouge. R. Esprit-des-Lois, Mautrec, Ste-Catherine. C. du XXX-Juillet.
Concorde (de la), 4.....	Capdeville.—De la Concorde.—St-Etienne
Cordeliers (des), 8.......	Marengo. St-François. De l'Observance.
Dauphine, 5, 6...........	Cours de l'Intendance, de Tourny, R. du Palais-Gallien, Judaïque, d'Arès, Dauphine, Bouffard, Porte-Dijeaux.
Duburg, 8.	Des Faures. — Des Allamandiers.—De la Fusterie. — Carpenteyre.
École-de-Médecine (de l'),8	De Lalande. — Magendie.
Fégère, 2................	Cours du Jardin-Public.—R.Traversière. — De la Course.
Ferbos, 10...............	Ferbos. — Lafontaine. — Vilaris.
Fondaudége, 5..........	Fondaudége, des Tanneries, Lafaurie-de-Monbadon.
Gabriel, 5...............	C. du Chapeau-Rouge.—R. du Pont-de-la-Mousque.
Gr.-Hommes (des), 5...	Mich.-Montaigne, Jean-Jacques-Rousseau, Buffon, Montesquieu, Voltaire.
Gratte-Cap.	Voyez pl. Ferbos.
Guadet, 2...............	Frère. — Guadet. — Lagrange.
Henri-IV, 8.............	Lalande. — Tombeloly. — Henri-IV.

PLACES	VOIES QUI ABOUTISSENT SUR CES PLACES.
Hôtel-de-Ville (de l'), 5.	De l'Hôtel-de-Ville. — De l'Archevêché.— Pradel. — Créon.
Lainé, 2....................	Quais Louis-XVIII. — Des Chartrons. — C. du Pavé-des-Chartrons. —R. Ferrère
Lerme (de), 4............	De Lerme. — Bongrand. — Planturable.
Marché (du Grand-), 7.	R. Ravez.—C. Napoléon.—R. de Guienne. — De Gourgues.
March.-des-Chartrons, 2	Rode. — Sicard.
Marché-Neuf (du), 8....	Des Faures. — Maubec.
Mériadeck, 6, 7..........	De la Chartreuse.— Mériadeck. — Lavie.
Michel, 2..................	Michel.
Monnaie (de la), 10.....	De la Monnaie.— Du Hamel.— Du Portail.
Montaud ', 12............	Durand. — Montméjan.
Montméjan ', 12.........	Durand. — Montméjan.
Moulin (du) 10............	Du Moulin.
Nansouty, 10.............	Rtes d'Espagne et de Toulouse. — R. de Pelleport.
Napoléon ', 12............	De Calvimont.—Montméjan.—St-Romain
Palais (du), 5, 7........	Ausone. — Du Chai-des-Farines. — Des Argentiers. — Du Palais-de-l'Ombrière
Parlement (du), 5. ......:	De la Bourse. — Des Lauriers. — Du Parlement-Ste-Catherine.— Du Pas-Saint-Georges. — Du Parlement-St-Pierre.
Pey-Berland, 5...........	Dufour-Dubergier. — Des Palanques. — Pélegrin. — Cabirol.
Picard, 1..................	C. St-Louis. Portal. Balguerie-Stuttenberg
Plaisance (de)...........	Voyez pl. Tartas.
Prado (du), 4.............	All. Damour. — R. de l'Église-St-Seurin. — Capdeville.
Puy-Paulin, 3............	Saige. — Combes. — Guillaume-Brochon.
Quinconces (des), 5.....	C. du XXX-Juillet. — R. Blanc-Dutrouilh, d'Enghien, du Chât.-Trompette, de Sèze.
Richelieu, 3..............	C. du Chapeau-Rouge. R. Esprit-des-Lois, Lafayette. Q. Louis-XVIII.
Rodesse, 7, 9.............	R. Belleville. — C. Champion. — De Cicé
Rohan, 6, 7..............	Du Palais-de-Justice.—D'Albret.—Rohan
Ste-Croix, 10.............	Du Portail. — Du Port. — Du Noviciat. — Des Douves.
Ste-Eulalie, 7............	Jean-Burguet. — Pélegrin. — Ste-Eulalie
St-Martial, 1.............	Denize. — Ste-Philomène. — Dupaty.
St-Pierre, 5..............	Des Faussets.—Du Parlement-St-Pierre.— De la Devise. — St-Pierre.
St-Projet, 5..............	De la Merci. — Ste-Catherine. — Tustal. — Des Trois-Conils.
Séminaire (du), 10......	Du Hamel. — Traversanne. — Nérigean.

PLACES.	VOIES QUI ABOUTISSENT SUR CES PLACES.
St-Remi, 5...............	Du Pont-de-la-Mousque. — Entre-deux-Murs. — Jouannet.
Tartas, 6..................	Durand. Judaïque. Chauffour. Sullivan.
Tourny, 3...............	C.du Jardin-Publ.,de Tourny,de Tournon, R.Huguerie,Fondaudége.All.de Tourny
Vieux-Marché (du), 7...	Ste-Colombe.—Du Pas-St-Georges.—Des Ayres. — St-James. — Bouquière.

QUAIS	COMMENCEMENT ET FIN.
Bacalan (de), 1..........	Q. des Chartrons. — R. de Lormont.
Bourgogne, 5, 7.........	Q. de la Douane. — Pl. Bourgogne.
Bourse (de la), 5........	Pl. de la Bourse. — Pl. Richelieu.
Brienne (de), 11........	Q. de Paludate. — Boulev. J.-J.-Bosc
Chartrons (des), 1 2....	Pl. Lainé. — R. Maurice.
Deschamps', 12..........	Pl. Napoléon. — Ch. de Trugey.
Douane (de la), 5.......	Pl. de la Bourse.—R. de la Cour-des-Aides
Grave (de la), 8.........	Q. des Salinières. — Q. de la Monnaie.
Louis-XVIII, 2, 3........	Pl. Richelieu. — Pl. Lainé.
Monnaie (de la), 10.....	Q. de la Grave. — Q. Ste-Croix.
Paludate (de), 11........	Q. Ste-Croix. — Q. de Brienne.
Queyries (de) ', 12......	Pl. Napoléon. — Pointe de Queyries.
Ste-Croix, 10.............	Q. de la Monnaie. — Q. de Paludate.
Salinières (des), 8.	Pl. Bourgogne. — Q. de la Grave.

ROUTES	
Bayonne (de), 9..........	Pl. extérieure d'Aquitaine, 14 et 15.
Espagne (d'), 10.........	C. St-Jean, 77 et 79.
Toulouse (de), 9, 10....	Pl. extérieure d'Aquitaine, 12 et 13.

RUELLES	
Lacombe, 11..............	De la Seiglière.
Lavaud (de), 10.........	De Bègles.
Lestonnat (de)', 12.....	Q. Deschamps. — R. de la Benauge.
Rivière, 7.................	Du Tondu, 205.

QUATRIÈME PARTIE

ÉDIFICES, MONUMENTS, CURIOSITÉS, ETC.

Ils sont classés par arrondissement de police, dans un ordre qui permet au visiteur d'aller de l'un à l'autre sans revenir sur ses pas et en suivant toujours des voies différentes.

———o-o¦o⨯o-o———

Ier ARRONDISSEMENT

1. Chantiers de construction, à l'extrémité nord de la ville. — Ces vastes ateliers de construction navale, qui appartiennent à la *Compagnie de l'Océan*, peuvent, de même que ceux des particuliers situés de l'autre côté de la rivière, à Lormont, à la Bastide, et dans le quartier sud de Bordeaux, rivaliser avec les plus beaux chantiers maritimes des autres ports du monde. On y construit des vaisseaux de guerre et des navires marchands du plus fort tonnage, pour la France et pour l'étranger.

2. Église Saint-Remi, rue de Lormont. — Cette nouvelle paroisse n'a été érigée qu'en 1865 ; l'édifice consacré au culte se ressent naturellement de cette récente érection.

3. Magasin des tabacs exotiques, rue de Lormont. — C'est là que sont entreposés les tabacs étrangers en feuilles, soumis au transit.

4. Magasin des vivres de la Marine, quai de Bacalan, 275, construit de 1785 à 1788, par M. Bergera, architecte. On y entrepose et on y prépare les vivres destinés aux navires de l'État.

5. Fabrique d'huiles de graines, quai de Bacalan, 112. — Cette belle usine appartient à MM. Maurel et Prom, armateurs, rue d'Orléans, 5.

6. Fabrique de porcelaine Johnston, quai de Bacalan, 77. — Dans ce magnifique établissement, qui occupe près de 800 ouvriers, on fabrique de la porcelaine et de la poterie anglaise. Il a été créé, en 1834, par M. David Jonhston, devenu plus tard maire de Bordeaux, et est maintenant la propriété de MM. Vieillard et Cie.

7. Église Saint-Martial, en face de la rue Denize, construite en 1841, par M. Bonfin, architecte.

Le chœur représente le Christ et ses apôtres, peints par M. Plassan.

8. Gare du chemin de fer du Médoc, cours Saint-Louis. — Cette voie ferrée n'est encore ouverte que sur le tiers environ de son parcours, et les bâtiments de la gare, construits en bois, ne sont que provisoires.

2e ARRONDISSEMENT

1. Place du Marché-des-Chartrons, entre les rues Rode et Sicard. — Marché de comestibles tous les jours.

2. Réservoir, place du Marché-des-Chartrons, servant à l'alimentation des fontaines du nord de la ville et des concessions d'eau aux particuliers.

3. Église Saint-Louis, rue Notre-Dame, aux Chartrons. — Cette église fut bénite en 1716 ; mais elle ne fut consacrée que le 25 mars 1817. Sa façade est riche en ornementations.

La remarquable décoration en acajou de la sacristie, faite aux frais de riches négociants de la paroisse, est, dit-on, le travail d'un religieux.

4. Temple protestant, rue Notre-Dame, 10-14. — Cet édifice, œuvre de l'architecte Corcelles, a été inauguré le 29 mars 1835. École de filles et de garçons.

5. Entrepôt réel des marchandises, place Lainé. — Le projet de cet établissement fut délibéré en 1821, sur l'initiative de M. Balguerie-Stuttenberg, membre de la Chambre de commerce ; il a été construit sous la direction de M. Deschamps père, et a coûté, avec les bâtiments qui en dépendent, 1,800,000 fr.

6. Temple protestant anglais, pavé des Chartrons, 10. — On y prêche en anglais.

7. Chapelle évangélique, rue Ferrère, 27.

8. Salle Franklin, rue Vauban, 24. — Cette salle, qui est fort belle, sert à des bals, des concerts et autres réunions diverses. C'est là que la Société Philharmonique donne, chaque année, ses magnifiques concerts.

9. Archives du département, rue d'Aviau, 24. — Hôtel construit en 1868, sous la direction de M. Labbé.

architecte du département. Il renferme des pièces très-anciennes. Le public est admis, tous les jours non fériés, de deux à quatre heures du soir.

10. Couvent et église des Carmes, rue Mandron, 1. — Ces religieux viennent de faire construire, sur les plans du R. P. Mathieu, de leur ordre, une église dans le style ogival, qui ne manque pas de mérite au point de vue de l'art.

11. Établissement hydrothérapique de Longchamps, rue David-Johnston, 1, à l'entrée du Jardin des Plantes, dirigé par M. le docteur Paul Delmas.

12. Jardin des Plantes, cours du Jardin-Public. Ce jardin sert à la fois de promenade et de jardin botanique; c'est un des plus beaux de France. L'administration municipale y a fait construire une serre remarquable par son architecture, creuser un cours d'eau sur lequel sont jetés des ponts rustiques; et transporter de l'ancien jardin des arbres rares, notamment un magnolia pyramidal, d'une dimension prodigieuse. — La musique militaire s'y fait entendre le jeudi et le dimanche, dans l'après-midi.

13. Muséum d'histoire naturelle, au Jardin des Plantes. Ce muséum, fondé en 1805, est un des plus remarquables de province. (Voir précédemment, page 40).

3ᵉ ARRONDISSEMENT

1. Quai Vertical, partant de l'angle nord de la place Lainé jusqu'à l'angle sud de l'hôtel des Douanes. — Ce magnifique travail, commencé en 1845, n'a été

terminé qu'en 1855. Quatorze grues, établies à 50 mètres de distance les unes des autres, enlèvent des navires amarrés à quai des fardeaux de 12 à 15,000 kilogrammes.

La machine à mâter sert aussi de grue pour l'enlè-
vement des gros fardeaux.

2. Les Quinconces. — C'est sur cette place, une
des plus belles de l'Europe, qu'ont lieu les fêtes publiques et les revues de la garnison. L'administration municipale, qui s'occupe de son embellissement, a mis au
concours un projet de fontaine monumentale, et, en
attendant, elle a fait établir, en 1857, dans l'hémi-
cycle, un bassin d'où s'élance une gerbe d'eau produi-
sant un bel effet.

Les statues de Montaigne et de Montesquieu, par
Maggesi, sont placées dans les allées, en face des rues
Vauban et de Condé.

Les deux bâtiments situés dans les bas-côtés, vis-à-
vis de la rade, sont des établissements de bains publics; ils ont été construits en 1826.

3. Théâtre du Gymnase-Dramatique, place des
Quinconces, 5. — Il a été bâti sur l'emplacement du
théâtre des Funambules; il appartient à Mme Beaufils.
Il contient environ 600 places, dont nous avons dit les
prix, page 46.

4. Allées de Tourny. — L'édilité bordelaise a doté
cette promenade de deux fontaines monumentales, au
milieu desquelles s'élève, sur un magnifique piédestal
en granit, la statue de l'Empereur Napoléon III. Des
candélabres élégants complètent l'ornementation de
cette promenade, ainsi décorée en 1857.

5. Place de la Comédie et Grand-Théâtre. —
C'est sur cette place qu'est situé le Grand-Théâtre de
Bordeaux, considéré à juste titre comme le plus beau
monument de ce genre qui existe en Europe. Commencé en 1775, sur les plans de l'architecte Louis, il
fut ouvert au public le 17. avril 1780. Cet édifice a
87 mètres de longueur sur 47 mètres de largeur, et
environ 19 mètres d'élévation. La construction a coûté
3,000,000 de francs. (Voir l'ouvrage de Gaullieur-
l'Hardy, *Portefeuille de Louis*, 1 vol. in-8°, 14 planches, 9 fr., chez P. Chaumas, libraire.) Il contient
1,400 places, dont nous avons indiqué les prix, page 46.

Les bureaux de l'administration du théâtre, les salons de lecture des journaux et le café de la Comédie
sont au rez-de-chaussée. Les salons des cercles de la
Comédie et du *Club-Bordelais* sont au premier étage.

On peut visiter l'intérieur du théâtre en s'adressant
au concierge, dont le logement est placé au haut du
grand escalier de la rue Louis (entrée des artistes).

6. Préfecture, cours du Chapeau-Rouge. — Ce bâtiment, contemporain du Grand-Théâtre, a été édifié
en 1775, d'après les plans de Louis, pour servir d'ha-
bitation à M. Saige, avocat général au Parlement; il
est devenu hôtel de la Préfecture en 1808 et a été
agrandi et restauré de 1855 à 1864.

Le vestibule d'entrée, les salons du premier étage,
la salle du Conseil général, portent à la fois l'empreinte
de cet air de grandeur qui est le caractère des habita-
tions de l'époque où l'hôtel a été construit, et le ca-
chet d'élégance des édifices de nos jours.

L'entrée des bureaux est actuellement placée sur le
derrière de l'hôtel, rue Esprit-des-Lois. 24.

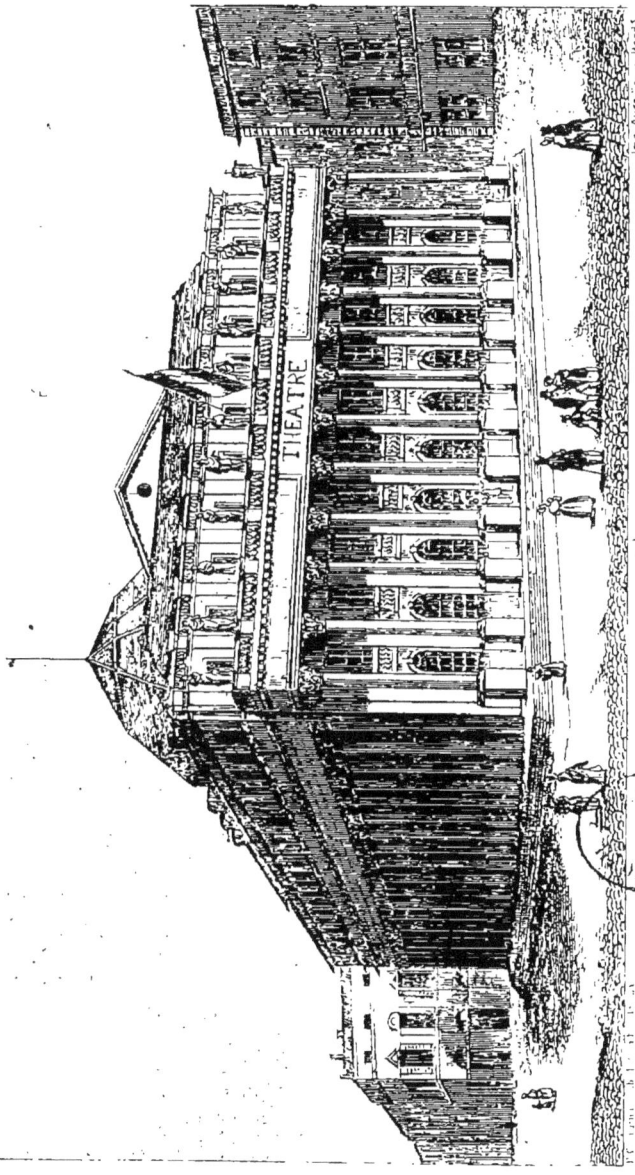

GRAND THÉÂTRE.

Le *Commissariat central de police* est dans le même hôtel, au rez-de-chaussée. Entrée rue Louis, derrière le Grand-Théâtre.

7. Banque de France (succursale de Bordeaux). — Cet établissement, situé rue Esprit-des-Lois, 13, a été bâti en 1855 et 1856; il est ouvert de huit heures du matin à quatre heures du soir, les jours non fériés.

8. Musée, rue Jean-Jacques-Bel, 2. — Par arrêté du 1er octobre 1810, M. le comte de Lynch, alors maire de Bordeaux, réunit, sous le nom de *Musée,* six établissements scientifiques que la ville possédait :

1. La Bibliothèque.
2. Le Musée d'antiques.
3. Le Muséum d'histoire naturelle.
4. La Galerie de tableaux.
5. L'Observatoire.
6. L'École de dessin et peinture.

Le Muséum d'histoire naturelle, la Galerie de tableaux et l'École de dessin ne sont plus dans ce local. (Voir pages 76 et 89.)

9. La Bibliothèque fut fondée en 1736, par J.-J. Bel, conseiller au Parlement de Bordeaux. Elle contient plus de 120,000 volumes. (Voir précédemment, page 40).

10. Le Musée d'Antiques, placé au rez-de-chaussée, renferme des objets recueillis dans diverses fouilles opérées, soit à Bordeaux, soit dans le département. — La partie *archéologique* de ce Musée est provisoirement installée rue des Facultés, derrière la Caserne municipale.

11. L'Observatoire est une annexe du cours d'hydrographie, et sert aux expériences astronomiques que le professeur de ce cours démontre aux jeunes gens qui se destinent à la marine.

12. Église Notre-Dame, ou Saint-Dominique. — Cette église a été bâtie, en 1701, par les Dominicains, sous la direction du frère Jean, religieux de de cet ordre. Elle est formée d'une nef avec bas-côtés. L'autel à la romaine produit un bel effet. Les portes latérales du chœur offrent un beau modèle d'ouvrage en fer, et fixent l'attention du visiteur.

13. Manutention des vivres de la guerre, à côté de l'église Notre-Dame, dans l'ancien couvent des Dominicains.

14. Hôtel du Trésorier-Payeur général, cours de l'Intendance, 13. — Les bureaux sont ouverts de dix heures du matin à quatre heures du soir.

15. Café-Concert du Delta, rue Voltaire, 16. — Jolie salle ; établissement très-bien tenu par M. E. Dédé, excellent musicien, qui sait s'entourer d'artistes choisis. (Voir précédemment, page 47.)

16. Place des Grands-Hommes. — Marché de comestibles tous les jours, jusqu'à une heure. Halle circulaire en fer très-élégante, avec serrages en sous-sol et glacière; le tout construit en 1865, sous la direction de M. Ch. Burguet, architecte de la ville.

17. Théâtre-Français ou des Variétés, angle des rues Montesquieu et Condillac. — Ce théâtre, incendié dans la nuit du 2 au 3 décembre 1855, a été reconstruit dans son intérieur d'après les plans de M. Lamarle, architecte, et n'a été ouvert au public que le 12 juin 1857. On y joue la comédie, le drame et le vaudeville. Il contient 1,300 places, dont nous avons dit les prix, page 46.

18. Place et statue de Tourny. — C'est en reconnaissance des embellissements dont M. de Tourny a doté Bordeaux, que la ville lui a élevé une statue sur la place qui porte son nom.

19. Hôtel de la Marine, place de Tourny, 9. — Les bureaux du sous-arrondissement maritime et le logement du commissaire général de la marine, sont placés dans cet hôtel, ainsi que l'école d'hydrographie.

20. Chapelle et couvent des RR. PP. Dominicains, rue Lhôte, 9. — Édifice neuf; belles peintures à fresque dans la chapelle.

21. Place Fondaudége. — Son nom lui vient de la *fontaine d'Audége* (fons Odeja) célébrée par le poëte Ausone. Cette place est maintenant ornée d'une fontaine assez remarquable.

4ᶜ ARRONDISSEMENT

1. Ruines du Palais-Gallien, rue du même nom. — Le Palais-Gallien a été bâti vers le milieu du IIIᵉ siècle; ce qui donne lieu à cette croyance, ce sont les médailles trouvées parmi ses ruines. Sa démolition, commencée en 1792, ne fut arrêtée qu'en 1801. L'amphithéâtre contenait, dit-on, 15,000 spectateurs, et était bâti en pierres carrées, entrecoupées de longues briques épaisses; il était de deux ordonnances : le bas en style toscan, et le haut en style dorique.

2. Place de Lerme. — Marché de comestibles tous les jours. Petite halle circulaire en fer construite en 1869.

3. Établissement hydraulique de la ville, rue Paulin, entre les rues Cousse et Croix-de-Seguey. — Des eaux abondantes, venant des sources du Taillan, et conduites au moyen d'un grand aqueduc, sont réunies là dans un vaste réservoir central, d'où elles sont dirigées vers tous les quartiers de la ville, qui est aujourd'hui amplement pourvue d'une eau excellente.

4. Église Saint-Ferdinand, rue de la Croix-de-Seguey, 2. — Cette nouvelle église, bâtie en 1868 par M. Abadie, architecte diocésain, est dans le style transition. Elle est belle et mérite l'attention du visiteur. Il y a de jolis vitraux.

5. Couvent de Barada, rue David-Johnston, 44, appartenant aux dames de Marie-Thérèse, qui ont là leur maison-mère, leur noviciat, un pensionnat et des écoles primaires de filles. — La chapelle de ce couvent, qui est assez belle, a servi d'église pendant quelque temps à la nouvelle paroisse Saint-Ferdinand.

6. Collége Saint-Joseph de Tivoli, rues David-Johnston et Labottière. — Ce magnifique établissement, dirigé par les RR. PP. Jésuites et placé dans une excellente situation, réunit un grand nombre d'élèves de la Gironde et des départements voisins.

7. Dépôt de Mendicité, rue Terre-Nègre, fondé en 1827, par M. le baron d'Haussez, alors préfet de la Gironde. Il contient 400 indigents des deux sexes. La chapelle, construite avec les ouvroirs en 1854, est d'une grande élégance.

8. Église Saint-Seurin, allées Damour. — La fondation de cette église remonte aux premiers temps du christianisme dans la contrée.

Cet édifice religieux, dont l'architecture se compose de divers styles, a été souvent un sujet d'études pour les archéologues.

La crypte, très-remarquable, renferme des tombeaux d'une grande antiquité, celui de saint Fort, surtout, sur lequel on fait passer neuf fois, le 16 mai, jour de la fête du saint, les enfants chétifs, pour leur donner de la force et de la santé.

9. Institution impériale des Sourdes-Muettes, rue Saint-Sernin, 89 à 97, fondée en 1785, par Mgr Champion de Cicé, archevêque de Bordeaux, et dirigée, jusqu'en 1789, par l'abbé Sicard, et ensuite par M. de Saint-Sernin, qui, pendant la Révolution, en soutint l'existence par des subsides personnels. — Ce magnifique établissement, entièrement réédifié de 1866 à 1870 d'après les plans et sous la direction de M. Thiac, architecte, mort pendant la construction, et ensuite de M. Labbé, reçoit toutes les sourdes-muettes de l'Empire, de même que l'Institution de Paris reçoit tous les sourds-muets. Le prix de la pension est de 800 fr. par an, mais la plupart des élèves ont une bourse ou une demi-bourse. La durée de l'enseignement est de six années; outre les connaissances ordinaires, on y apprend un métier.

10. Chapelle Notre-Dame, rue du Palais-Gallien, nº 17. — Cette chapelle renferme des tableaux d'une grande valeur. Couvent de femmes fondé par Mme de Lestonnat. Pensionnat de demoiselles.

11. Hôtel des Monnaies, rue du Palais-Gallien, 7.
— Ce n'est que depuis l'an VIII que la fabrication des
monnaies a été transférée dans ce local, ancien couvent de la Mission. Les pièces frappées à la Monnaie de
Bordeaux portent pour marque distinctive la lettre K.

5ᵉ ARRONDISSEMENT

1. Hôtel des Postes, rue Porte-Dijeaux, 10. — Les
guichets sont ouverts, en été, de sept heures du matin
à sept heures du soir ; en hiver, de huit heures du matin à sept heures du soir. Les dimanches et jours fériés,
les bureaux sont fermés à quatre heures du soir.

Trois bureaux supplémentaires sont situés : 1º cours
Portal, 63 ; 2º place des Cordeliers, 4 ; 3º place Napoléon, 2, à la Bastide.

Cinquante-deux boîtes sont placées dans les différents quartiers de la ville ; elles sont levées au moins
quatre fois par jour.

Les gares des chemins de fer sont pourvues d'une
boîte dont la levée a lieu lors des départs des bureaux
ambulants.

2. Rue Sainte-Catherine. — Cette rue, qui com-
mence place de la Comédie et finit place d'Aquitaine,
compte 286 maisons ; c'est une des plus belles et des
plus fréquentées de Bordeaux.

3. Galerie Bordelaise, située à l'angle des rues
Saint-Remi et Sainte-Catherine. Ce passage mérite d'attirer les regards des étrangers ; il a été construit, en
1832 et 1833, par M. Durand, architecte.

4. Bourse. — L'hôtel de la Bourse, situé à l'extrémité du cours du Chapeau-Rouge, date de 1749. Il a été bâti sous M. de Tourny, par Jacques Gabriel, architecte du roi.

Les quatre façades de ce bâtiment sont décorées de la même manière. Les tympans des anciens frontons sont l'œuvre de Francin, sculpteur du roi; ceux des deux frontons nouveaux sont dus au talent de MM. Amédée Jouandot et Louis de Coeffard.

La salle ou cour intérieure, qui sert de réunion aux négociants, a 20 mètres de largeur sur 30 de longueur; le sommet est à 20 mètres du niveau du sol; elle a des ventilateurs et elle est couverte d'une lanterne vitrée qui répand une grande clarté.

La Bourse renferme, au rez-de-chaussée, les bureaux des courtiers de marchandises et celui du receveur des actes du commerce. Au premier étage, se trouvent le tribunal de commerce, les bureaux et les salons de la Chambre de commerce, et sa bibliothèque, ouverte tous les jours au public, de midi à quatre heures, et qui compte 7,000 volumes; le télégraphe électrique de Bordeaux au Verdon, le bureau de la police du port et de la rade, et ceux des courtiers d'assurance. Au deuxième, le greffe du tribunal de commerce et le bureau des agréés et des huissiers près ledit tribunal.

La tenue de la bourse des marchandises a lieu de quatre à cinq heures; celles des valeurs industrielles, de dix heures et demie à onze heures et demie du matin, par le ministère de vingt agents de change réunis dans la corbeille établie au milieu de la salle vitrée.

5. Place de la Bourse, œuvre de M. de Tourny et de l'architecte Gabriel, comme la Bourse et la Douane.

— La fontaine des *Trois-Grâces*, qui la décore depuis l'année 1869, est de MM. Gumery et Jouandot, d'après les dessins de Visconti.

6. Hôtel des Douanes, quai de la Douane, 1. — Cet hôtel, comme celui de la Bourse, date du milieu du dix-huitième siècle, et sa décoration est la même.

7. Église Saint-Pierre, place Saint-Pierre et rue des Argentiers. — Cette église, une des plus anciennes de la ville, se trouve placée dans le vieux Bordeaux. Elle a grand besoin d'être restaurée et agrandie.

Depuis quelques années, des travaux importants d'isolement ont été exécutés.

8. Porte du Palais.— Cette porte, en forme d'arc-de-triomphe, fut construite, dit-on, en l'honneur de Charles VIII, lors de la victoire de Fornoue. Sa hauteur totale est de 34 mètres; elle est située sur le quai de Bourgogne.

9. Place du Palais.— C'est sur cette place qu'existait autrefois le Palais de l'Ombrière *(castrum Umbrariæ),* ancienne résidence des ducs de Guienne; le parlement de Bordeaux y tint ensuite ses séances. Il n'en reste aujourd'hui que quelques parties, qui servent de magasin à une entreprise de roulage.

10. Hôtel de l'Octroi, rue du Loup, 71. — Administration générale. Bureaux ouverts de huit heures à quatre heures.

11. Fontaine Saint-Projet, érigée en 1737, sur la place du même nom. — Sur cet emplacement, existait autrefois l'église Saint-Projet; on voit encore une partie du clocher, qui sert actuellement à une fabrique de plomb de chasse.

12. Bazar-Bordelais, rue Sainte-Catherine, 54. — Ce bâtiment, édifié par M. Thiac en 1835, renferme de jolis magasins où sont établis des industriels de toute sorte.

13. Chapelle de Notre-Dame de Bon-Secours, rue Margaux. — Cette chapelle, très-richement décorée. est desservie par les RR. PP. Jésuites; elle est très-fréquentée.

14. Palais archiépiscopal, rue Vital-Carles, 17, à proximité de la Cathédrale. — Il a été bâti en 1864, sous la direction de M. Labbé, architecte du département.

15. Caisse d'Épargne, à l'angle des rues des Trois-Conils, Vital-Carles et Beaubadat. — Cette institution fut autorisée par ordonnance du 24 mars 1819. Le bâtiment actuel a été édifié en 1847, par M. Duphot, architecte.

16. Caserne et prison municipales, rue des Trois-Conils, 65, entre les rues Vital-Carles et des Facultés. La division de la *police de sûreté* de la Mairie est également dans ce local; c'est là qu'est le bureau des passeports.

17. Musée archéologique, rue des Facultés, derrière la Caserne municipale. Cette section du Musée des antiques, qui renferme des pièces très-curieuses, est ouverte au public tous les dimanches; les étrangers peuvent la visiter tous les jours.

18. Cathédrale Saint-André, place Rohan.—Cette église, fondée au IVe siècle, et ruinée bientôt après par les Barbares, fut réédifiée par Charlemagne. Les Normands la dévastèrent à leur tour; enfin, vers les Xe et XIe siècles, on la restaura, ou plutôt on la rebâtit de nouveau. Le pape Urbain II la consacra en 1096. Elle a pour plan la croix latine sans bas-côtés.

On y remarque quelques tombeaux : celui d'Antoine de Noailles, gouverneur de Bordeaux, mort en 1662, situé dans la chapelle Sainte-Marguerite ; dans la chapelle Saint-Charles, le tombeau de l'archevêque d'Aviau, mort en 1826 ; et dans la nef, celui du cardinal de Cheverus, par Maggesi, sculpteur.

Cette église renferme quelques tableaux de maîtres, parmi lesquels on distingue : *Jésus portant sa croix,* par Carrache, et le *Crucifiement,* par Jordaëns.

L'église Saint-André a une longueur totale de 140 mètres. Sa grande nef en compte 60, 18 de largeur et 27 de hauteur sous clé. Le chœur a 13 mètres de largeur et 33 tant en hauteur qu'en profondeur. Le transept a 44 mètres 26 centimètres de longueur et 9 mètres 65 centimètres de largeur. Le diamètre de la nef de Saint-André n'a pas moins de 18 mètres ; c'est la plus large des églises de France, puisque la nef de Notre-Dame de Paris ne compte que 13 mètres 70 centimètres de largeur et que cette partie de la cathédrale de Metz n'excède pas la dimension de 14 mètres 56 centimètres.

19. Tour de Pey-Berland, sur la place du même nom, construite en 1492 ; la flèche qui la surmontait fut démolie en 1793. Elle a servi longtemps à une fabri-

que de plomb de chasse ; mais après l'avènement, et
par les soins de S. Ém. Mgr le cardinal Donnet, archevêque de Bordeaux, elle a été rendue à sa destination
primitive. Tout le haut a été réédifié, et couronné,
en 1862, par la statue de *Notre-Dame d'Aquitaine*, en
cuivre doré. Le bourdon, inauguré le 8 août 1853, sort
des ateliers de M. Bollé, fondeur au Mans, et pèse
11,250 kilogrammes ; il s'est fêlé peu d'années après,
mais on l'a refondu, et il a été replacé en 1868.

6ᵉ ARRONDISSEMENT

1. **Hôtel de Ville**, place du même nom. — Ce monument, ancien palais archiépiscopal, a été construit
sous le pontificat du prince Rohan-Guéménée, archevêque de Bordeaux, de 1769 à 1781. Il changea souvent de destination : devenu siége du tribunal criminel
en 1791, hôtel de la préfecture en 1803, palais impérial en 1808, château royal en 1815, il a été converti
en hôtel de ville en 1835.

Les bureaux de l'administration municipale sont établis au premier étage et dans les deux ailes de la cour ;
ils sont ouverts au public de dix à quatre heures.

2. **Le Musée de peinture et de sculpture** est
dans un bâtiment provisoire en bois construit dans le
jardin, en attendant que l'hôtel spécial projeté soit
bâti. Ce Musée contient un assez grand nombre de
beaux tableaux et quelques statues remarquables. (Voir
précédemment, page 40.)

3. **Statue de Louis XVI en bronze.** Cette œuvre
magnifique de Rude, reléguée dans un coin du jardin.

6

attend là que le Conseil municipal se décide à en orner une des places de la ville. Elle serait très-bien sur la place Richelieu.

4. Facultés, rue Monbazon, 4. — Les cours publics des facultés de théologie, des sciences et des lettres, ont lieu alternativement tous les soirs et dans l'après-midi.

5. État-Major de la place, rue Bouffard, 39. — Les bureaux de la 14e division militaire, placés dans cet hôtel, sont ouverts au public de huit heures du matin à quatre heures du soir.

6. Place Dauphine. — Cette place, qui fut commencée en 1763 et terminée en 1770, est une des plus belles de la ville; toutes les maisons, sans exception, sont bâties sur un plan uniforme. — Un délicieux square y a été formé en 1868 et 1869.

7. Porte Dijeaux, à l'extrémité de la rue de ce nom, construite en 1748. Elle a 11 mètres 50 centimètres de hauteur.

8. Théâtre-Louit, rues Castelnau-d'Auros et Saint-Sernin. Cet édifice, qui appartient à M. E. Louit aîné, armateur et propriétaire du *Journal de Bordeaux*, a été ouvert le 1er septembre 1868. L'ornementation de la salle est très-riche et d'un bel effet. Elle peut contenir près de 3,000 personnes. Nous avons dit les prix des places, page 46.

9. Réservoir de la rue Mériadeck, construit pour l'alimentation des fontaines du centre de la ville et des nombreuses concessions d'eau faites aux particuliers.

10. École impériale de dressage et d'équitation, rue Judaïque, 166.

11. Cimetière des Protestants, en face de l'usine à gaz.

12. Usine à gaz. — Les premiers reverbères placés à Bordeaux datent de 1758. Il se forma, en 1824, une compagnie pour l'éclairage au gaz des magasins; mais ce ne fut qu'en 1839 que l'administration municipale passa un premier marché pour l'éclairage des Quinconces; depuis cette époque, ce mode a remplacé peu à peu les reverbères à huile, qui n'existent plus aujourd'hui que dans les quartiers reculés.

13. La Chartreuse, chemin d'Arès. — C'est le nom donné au cimetière catholique de la ville de Bordeaux, le terrain qu'il occupe aujourd'hui ayant appartenu aux Chartreux. Il a été agrandi en 1852, par l'adjonction de l'établissement public connu sous le nom de *Champs-Élysées.*

Ce vaste et magnifique cimetière renferme quelques tombeaux remarquables, tels que ceux du général Moreau, de Ravez, de Ferrère, de Henri Fonfrède, de Théodore Ducos, du général Espinasse, etc.

14. Église Saint-Bruno, rue d'Arès, près la Chartreuse. — Cette église, ancien monastère des Chartreux, a été consacrée en 1620. La décoration du chœur mérite de fixer l'attention; les statues de la Vierge et de l'Ange sont attribuées au Bernin; le tableau du maître-autel est de Ph. de Champagne; les peintures à fresques de l'intérieur, par Berinzago, sont dignes de remarque.

Dans une chapelle funéraire, à gauche du chœur, est le beau mausolée du marquis de Sourdis, et, dans la nef, un tableau de saint Bruno attribué au Dominiquin.

15. Place Mériadeck. — Cette place, assez vaste, est ornée d'une fontaine en pierre. Il y a tous les jours un marché de vieux meubles, vêtements, ferraille, etc.

7ᵉ ARRONDISSEMENT

1. Manufacture de Tapis, rue Lecocq, 16. — Cet établissement, qui remonte à 1780, appartient à MM. Laroque et Jaquemet; 300 ouvriers y trouvent du travail toute l'année. Les produits de cette manufacture ont obtenu des récompenses dans diverses expositions.

2. Hôtel des hospices, cours d'Albret, 94. — Administration générale, de laquelle dépendent : 1° l'hôpital Saint-André; 2° l'hospice des Enfants-Assistés; 3° l'hospice des Incurables; 4° l'hospice de la Maternité; 5° l'hospice des Vieillards.

3. Hôpital Saint-André, place d'Armes. — Ce monument, qui a coûté près de deux millions, a été construit d'après les plans de M. Burguet. La façade se développe sur une longueur de 143 mètres. Les salles où sont placés les malades sont distribuées sur deux étages autour d'une cour centrale; elles renferment 700 lits environ.

On y admet gratuitement les individus privés de ressources tombés malades à Bordeaux. On y reçoit également des pensionnaires, pour lesquels un prix de journée est payé. Le service intérieur est confié aux soins des Sœurs de charité de Saint-Vincent de Paul.

4. Palais de Justice, place d'Armes, vis-à-vis l'hôpital Saint-André. — Ce monument, inauguré le 19 novembre 1846, a été érigé d'après les plans de M. Thiac; il a coûté 1,717,458 fr.

La longueur de la façade est de 145 mètres; le péristyle, placé au centre, de l'ordre dorique grec, est en retraite sur deux motifs saillants suivis de deux ailes.

Les motifs saillants sont surmontés, à droite, des statues de Malesherbes et de d'Aguesseau; à gauche, de celles de Montesquieu et de l'Hospital; elles sont dues au ciseau de Maggesi, sculpteur de la ville.

La salle des Pas-Perdus, œuvre d'un grand mérite, est décorée de huit groupes de deux colonnes, marquant les entrées des salles.

Le Palais de Justice réunit dans ses dépendances la Cour impériale et la Cour d'assises, les tribunaux de première instance, de police correctionnelle et de simple police, ainsi que les parquets du procureur général et du procureur impérial, les greffes et un bureau d'enregistrement.

5. Prison départementale, rue du Palais-de-Justice, 9, construite en 1843, par M. Thiac, architecte, sur l'emplacement du château du Hâ et de l'ancien couvent des Minimes.

L'entrée de la prison a lieu par le passage qui la sépare du Palais de Justice. Le nombre des cellules est de 170.

La dimension moyenne d'une cellule est de 4 mètres

de long sur 2 mètres 30 centimètres de large, 3 mètres
de hauteur ; la fenêtre est élevée de 1 mètre 50 centimètres. Le mobilier consiste en un lit en fer, une
chaise, et un siége mobile en fonte.

On y renferme les prévenus, les condamnés à moins
d'un an de détention, et les prisonniers pour dettes
envers l'État. Pour la visiter, il faut se munir d'une
autorisation de M. le Préfet.

6. **Caserne de gendarmerie**, rue du Palais-de-Justice, 7, érigée en 1833, par M. Escarraguel frères, sur
les plans de M. Thiac.

7. **Caserne des sapeurs-pompiers**, rue du Palais-
de-Justice, 4, bâtie en 1865, sous la direction de
M. Ch. Burguet. Il y a, à Bordeaux, une certaine
quantité de sapeurs-pompiers soldés, indépendamment
du bataillon de ce corps formé par les habitants de
la ville.

8. **Temple protestant**, rue du Hà, 32. — Ce monument, qui remonte à 1616, dépendait du couvent des
Sœurs de Notre-Dame. La voûte, détruite par un trem-
blement de terre, le 5 décembre 1751, fut reconstruite
l'année suivante. Ce ne fut qu'après la suppression en
France des ordres religieux qu'il reçut sa destination
actuelle. Les dépendances sont de construction récente.

9. **Lycée impérial**, cours Napoléon, 141, fondé
en 1802. — Il possède une chapelle fort remarquable,
qui renferme la sépulture de Michel Montaigne, l'illustre auteur des *Essais*. Deux inscriptions, l'une en grec
et l'autre en latin, ornent ce tombeau ; en voici la tra-
duction :

« Qui que tu sois, qui regardes ce tombeau et qui
» demandes mon nom, en disant : Est-il mort, Mon-
» taigne? cesse d'être surpris. La substance des corps,
» l'illustration de la naissance, la richesse, l'autorité,
» la puissance, ne sont pas des choses qui nous appar-
» tiennent ; ce sont seulement des jouets périssables de
» la fortune. Être divin, descendu du ciel sur la terre
» des Celtes, non pas que je sois le huitième des Grecs,
» ni le troisième des Ausoniens, mais je puis être com-
» paré à tous par la profondeur de la sagesse et les
» talents de l'élocution, moi qui ai su allier à la doc-
» trine qui respecte le Christ, le doute pyrrhonien.
» La jalousie s'était emparée de la Grèce et de l'Auso-
» nie; pour terminer cette terrible querelle, j'ai été
» prendre mon rang parmi les immortels, où est ma
» patrie. »

« A Michel Montaigne, Périgourdin, fils de Pierre,
» petit-fils de Grimon Rémond, chevalier de Saint-
» Michel, citoyen romain, ancien maire de la cité des
» Bituriges-Vivisques, homme né pour la gloire de la
» nature ; dont la douceur de mœurs, la finesse d'es-
» prit, la facilité d'élocution et la justesse de jugement
» ont été estimées au-dessus de la condition humaine ;
» qui a eu pour amis les rois les plus illustres, les plus
» grands seigneurs de France et même les chefs du
» parti égaré, quoique lui-même fût d'une moindre
» condition ; observateur religieux des lois et de la re-
» ligion de ses pères, auxquels il ne fit jamais aucune
» offense ; qui jouit de la faveur populaire, sans flatterie
» et sans injures ; de sorte qu'ayant toujours fait pro-
» fession, dans ses discours et dans ses écrits, d'une
» sagesse fortifiée contre toutes les attaques de la dou-

» leur; après avoir, aux portes du trépas, lutté long-
» temps avec courage contre les attaques ennemies
» d'une maladie implacable; enfin, égalant ses écrits
» par ses actions, il a fait, avec la volonté de Dieu, une
» belle fin à une belle vie.

» Il vécut cinquante-neuf ans sept mois et onze jours,
» et mourut le 13 septembre de l'an de salut 1592.
» Françoise de la Chassaigne, pleurant la perte de cet
» époux fidèle et constamment chéri, lui a fait ériger
» ce monument, gage de ses regrets. »

10. Église Saint-Paul, rue des Ayres, ancienne
chapelle de la maison professe des Jésuites.

Le maître-autel de cette église, représentant l'apo-
théose de saint François-Xavier, par le célèbre Coustou,
doit fixer l'attention du visiteur.

11. Pont de Bordeaux. — Ce pont est formé de
dix-sept arches en maçonnerie de pierre de taille et de
brique, qui reposent sur seize piles et deux culées.
L'épaisseur des piles est de 4 mètres 20 centimètres
aux naissances. La fondation des piles a été faite au
moyen de caissons de forme pyramidale. Ces caissons
étaient maintenus flottants pendant la pose des pierres.

La largeur totale du pont est de 15 mètres. Celle de
chaque trottoir est de 2 mètres 50 centimètres. La longueur du pont, entre les faces des culées, est de 486
mètres 68 centimètres. L'intérieur de ce monument
est très-curieux; on y entre par la Bastide; nous nous
en occuperons dans le 12ᵉ arrondissement.

Ce magnifique travail, commencé en 1810, sous la
direction de M. Deschamps père, n'a été terminé
qu'en 1821. Le péage, concédé à une compagnie pour

PONT DE BORDEAUX.

Imp Auge Delile Bordx

quatre-vingt-dix-neuf ans, a été racheté par l'État et la ville de Bordeaux, en 1863.

12. Porte Bourgogne, à l'entrée du cours Napoléon.—Construite de 1751 à 1755, sous M. de Tourny, d'après les dessins de l'architecte Gabriel, elle fut d'abord dénommée *porte des Salinières,* à cause des bateaux de sel qui déchargeaient là. En 1807, elle servit d'arc de triomphe pour l'armée qui se rendait en Espagne.

13. Église Saint-Éloi, rue Saint-James, construite au XIIIe siècle. C'est dans cette église que se célébrait, avant 1789, une messe pour recevoir le serment des jurats nouvellement élus. Elle renferme les tombeaux de Vinet, professeur au collége de Guienne, et de Marc-Antoine de Gourgues, premier président au parlement de Bordeaux.

14. Tours de la Grosse-Cloche, à côté de l'église Saint-Éloi.

Ces antiques tours, qui font partie des armoiries de la ville de Bordeaux, sont les restes d'un hôtel de ville qui existait sur la promenade des Fossés. Elles renferment une magnifique horloge et un bourdon que l'on sonne à grande volée lors des fêtes publiques; il sert aussi à donner l'alarme dans les incendies.

15. Grand-Marché, cours Napoléon. — Halles centrales pour la vente des comestibles, tous les jours jusqu'à une heure.

Elles se composent de trois pavillons, réunis par deux passages couverts qui font communiquer entre elles les deux extrémités des rues de Guienne et de

Gourgues. Ces trois pavillons ont ensemble une longueur de 135 mètres, une largeur de 51 mètres et présentent une superficie totale de 6,885 mètres carrés, donnant environ 450 places.

Dans chaque pavillon, quatre escaliers en granit font descendre au sous-sol. où se trouvent les serrages, au nombre de 310, et une glacière. Commencé en 1866, ce bel et important établissement ne sera entièrement achevé qu'en 1871. Il est construit d'après les plans et sous la direction de M. Ch. Burguet, architecte de la ville.

16. Caserne B, rue de Cursol, ancien monastère des religieux de Notre-Dame. — Ce bâtiment fut affecté, en l'an IV, au service de la guerre, et devint caserne d'infanterie.

17. Église Sainte-Eulalie, rue Jean-Burguet et place Sainte-Eulalie. — Le plan de cette église consiste en une nef avec bas-côtés. Elle possède les restes de *corps saints,* au nombre de sept : Clair, Justin, Géronce, Sever, Polycarpe, Jean et Babile, lesquels restes sont portés processionnellement tous les ans, dans les rues de la paroisse, le dimanche après le 1er juin, jour de *saint Clair*.

On remarque dans cette église un joli lutrin et un grand nombre de tableaux à l'huile.

18. Caserne A, dite de Saint-Raphaël, rue Jean-Burguet. — Depuis l'époque de sa construction jusqu'à la Révolution, ce bâtiment était occupé par le séminaire de Saint-Raphaël; ce ne fut qu'en l'an IV (de même que la caserne B), qu'il fut affecté au logement des troupes.

19. Réservoir, rue Jean-Burguet, cours d'Àqui-
taine, etc., construit pour l'alimentation des fontaines
du quartier sud et des maisons particulières pourvues
de concessions d'eau.

20. Bureau de bienfaisance, rue Sainte-Eulalie, 89.
— C'est là le siége de la Commission administrative, qui
distribue des secours aux indigents par l'intermédiaire
de neuf *bureaux auxiliaires,* répartis dans les différents
quartiers de la ville.

8ᵉ ARRONDISSEMENT

1. Couvent de la Miséricorde, rue Sainte-Eulalie, 64. — Cette maison, reconstruite en 1820, contient
aujourd'hui plus de 400 filles repenties, qui pourvoient
à leur entretien par leur travail et par des aumônes.

2. Chapelle Saint-Joseph, à l'angle des rues Sainte-
Eulalie et de la Miséricorde. — Maison de Sœurs de
charité, avec bureau de secours et école primaire.

3. École de Médecine et de Pharmacie, rue de
Lalande, 42 et 44. — M. le docteur Gintrac père est à
la fois directeur et bienfaiteur de cette école, qui
reçoit des élèves en médecine et des élèves en pharmacie. Douze professeurs y sont attachés.

4. Chapelle de la Madeleine, rue de Lalande, 6.
— Elle date du milieu du xviiiᵉ siècle, et fait partie de
la maison des Pères de la Société de Marie.

5. Théâtre Napoléon, cours Napoléon, à l'angle
de la rue Honoré-Tessier.—Cette salle, construite par
M. Chaillolaud, architecte, est ouverte depuis le mois

d'août 1866; elle contient 1,200 places, dont nous avons donné les prix, page 46.

6. Caserne D, cours Napoléon, 108 à 120, ancien collége de la Madeleine et plus tard siége de la Mairie de Bordeaux jusqu'en 1835, où une caserne d'infanterie et de cavalerie y a été installée. — Le *Conseil de guerre* tient ses séances dans une des salles de ce local.

7. Église Saint-Michel. — Cette église, construite en 1160, est fort remarquable, et c'est, sans contredit, le plus beau monument d'ordre gothique qui existe dans le département; d'importantes réparations y sont faites depuis une dizaine d'années; elles touchent à leur fin.

Nous mentionnerons comme méritant de fixer l'attention du visiteur : l'autel du Saint-Sépulcre, celui de Saint-Joseph, la belle chapelle de Notre-Dame des Montuzets, le nouvel autel de la Sainte-Vierge, etc.

Les vitraux, dont quelques-uns anciens, sont également dignes de remarque.

On travaille depuis plusieurs années à l'isolement et à la restauration extérieure de l'église Saint-Michel, et nous touchons au moment où, cette basilique étant complétement dégagée, on pourra en admirer toutes les beautés extérieures.

Le clocher, placé vers l'ouest de l'église, avait été abattu par l'ouragan du 8 septembre 1768; il a été habilement restauré par M. Abadie, architecte diocésain, de 1865 à 1869; c'est un des plus élevés de France.

Au-dessous du clocher, se trouve un caveau souterrain qui renferme des corps dans un état parfait de conservation. On peut le visiter.

8. Chapelle Saint-Jacques, rue du Mirail, 8. —

Dépendance d'un ancien hôpital et d'un ancien prieuré des Jésuites, rendue au culte après avoir servi de salle de spectacle. Elle est desservie par des prêtres auxiliaires, de l'ordre des Pères de la Miséricorde.

9. Mont-de-Piété, rue du Mirail, 29. — Cet établissement a été créé au profit des hospices, par décret du 30 juin 1806.

10. Synagogue, rue Causserouge, 14. — Cet édifice, qui sert au culte israélite, a été construit en 1810, par M. de Corcelles. Il offre, dans son intérieur, une nef séparée par des colonnes latérales supportant les tribunes.

11. Chapelle du Saint-Cœur de Marie, rue Gratiolet, 10. — Elle est desservie par des Pères du Saint-Esprit, prêtres auxiliaires.

12. Hospice des Incurables, rue des Incurables, 8, 10 et 12. — Cet hospice a été fondé en 1743, par M. de Bigot, conseiller au parlement de Bordeaux, et augmenté en 1787 par les bienfaits de M. Martin Lamothe, négociant. Il peut recevoir cent neuf individus des deux sexes. Le service intérieur est confié aux soins des Sœurs de Saint-Vincent de Paul.

13. Hospice de la Maternité. — Cet établissement, qui fait suite au précédent, a été organisé en 1805. On y reçoit gratuitement les femmes indigentes de la ville de Bordeaux parvenues au dernier mois de leur grossesse, ainsi que les femmes étrangères à la ville pour lesquelles un prix de journée est payé.

14. Porte d'Aquitaine, sur la place de ce nom. —

Elle a été construite sous M. de Tourny, en 1754, d'après les dessins de l'architecte Portier.

9ᵉ ARRONDISSEMENT

1. Manufacture des Tabacs, place Rodesse. — Douze cents ouvriers des deux sexes sont employés dans cet établissement ; les cigares que l'on y fabrique sont très-renommés et supérieurs à ceux des autres manufactures de France.

2. Magasin des Tabacs indigènes en feuilles, rue du Tondu, 81, construit en 1856.

3. Couvent des Dames de la Foi, rue de Saint-Genès, au coin de la rue de Ségur. — Pensionnat de demoiselles. Chapelle, rue des Treuils.

4. Couvent des Carmélites, rue de Saint-Genès, 127. — Ces religieuses habitaient depuis plus de deux siècles rue Permentade ; elles ne sont dans ce nouveau local que depuis 1868.

5. Hôpital militaire, rue Saint-Nicolas. — C'est l'ancienne blanchisserie Saint-Nicolas, construite en 1834 par M. Durand, et acquise par l'État en 1844.

6. Église Saint-Nicolas, rue Saint-Nicolas. — Cet édifice est moderne ; il a été construit en 1821, par M. Poitevin, architecte de la ville. Le maître-autel, en marbre blanc, est digne d'attention.

7. Pénitencier Sainte-Philomène, rue Mercière, 11. — Cette maison peut recevoir cent jeunes filles détenues, pour lesquelles on paie, selon l'âge, un prix de journée de 60 à 70 cent. ; elle est confiée aux Sœurs de la Doctrine chrétienne, sous la direction de M. l'abbé Buchou, directeur de la Maison des jeunes détenus établie au Pont de la Maye, et fondée par Mgr Dupuch, ancien évêque d'Alger, qui était de Bordeaux, où il est mort en 1856, laissant une mémoire justement vénérée.

10ᵉ ARRONDISSEMENT

1. **Place Nansouty**, à la jonction des routes d'Espagne et de Toulouse. — Une fontaine a remplacé la *Pyramide* élevée à la rentrée des Bourbons et détruite en 1830.

2. **Chapelle des RR. PP. Passionnistes**, route d'Espagne, construite en 1860.

3. **Cimetière des Israélites**, route d'Espagne, ouvert en 1815.

4. **Hôpital Saint-Jean**, cours Saint-Jean, 22. — On reçoit dans cet établissement les filles publiques et les indigents des deux sexes atteints de maladies vénériennes. Il est entretenu aux frais de la ville et disposé pour contenir soixante-dix femmes et vingt hommes. Il existe, en outre, une salle de dix lits affectée aux malades payant 1 fr. par jour.

5. **Place des Capucins**, donnant sur le cours Saint-Jean. — C'est là que se tient, chaque matin, le *marché de première main,* et qu'a lieu également, tous les jours, la vente du poisson à la criée.

Cette place tire son nom du voisinage de l'ancien couvent des Pères Capucins, devenu séminaire diocésain, et situé rue Du Hamel.

6. Porte des Capucins, place du même nom. — C'est la première porte que fit ériger M. de Tourny ; elle fut construite en 1746, d'après les dessins des architectes Montaigut et Gabriel. Elle a 11 mètres 20 centimètres de hauteur.

7. Séminaire diocésain ou grand Séminaire, rue Du Hamel, 22, fondé en 1804 par Mgr d'Aviau, archevêque de Bordeaux, dans l'ancien couvent des Capucins. — On y remarque une belle bibliothèque et une vaste chapelle.

8. Couvent des Ursulines, place de la Monnaie, 4. dans l'ancien hôtel des Monnaies. — La façade de ce bâtiment correspond à une porte de ville placée à l'extrémité de la rue de la Monnaie, et fait honneur au talent de l'architecte Portier.

9. Porte de la Monnaie, quai de la Monnaie, construite en 1752.

10. Église Sainte-Croix, place Sainte-Croix. — Cette église, édifiée au v⁰ siècle, fut dévastée, avec l'abbaye des Bénédictins dont elle faisait partie, lors des invasions des Sarrasins. Charlemagne la fit reconstruire au x⁰ siècle ; elle fut saccagée par les Normands. et de nouveau restaurée par Guillaume le Bon, duc d'Aquitaine, dans le commencement du siècle suivant.

La décoration de la façade est fort curieuse, et a exercé souvent l'érudition des archéologues.

On dit que le savant bénédictin Dom Bedos a fait l'orgue de cette église.

11. Hospice des Vieillards, place Sainte-Croix, 7. — On y reçoit deux cent soixante-sept vieillards des deux sexes. Il est placé sous la direction des Sœurs de charité de la Congrégation de Nevers.

12. Abattoir, cours Saint-Jean, 156. — Il a été construit en 1832, par M. Durand, sur l'emplacement du fort Louis.

13. Petit Séminaire, cours Saint-Jean, 141. — Cet édifice, bâti par M. Combes, architecte, et achevé en 1812, a servi à un pensionnat tenu par les Pères Jésuites jusqu'en 1828, où il a été érigé en séminaire. Il contient quatre cents élèves.

14. Asile des Aliénées, cours Saint-Jean, 145. — Depuis le 8 juillet 1845, cet établissement a été spécialement affecté aux femmes aliénées. Il est administré par un directeur sous l'autorité d'une commission de surveillance, et desservi par des Sœurs de la Congrégation de Nevers.

IIᵉ ARRONDISSEMENT

1. Marché aux bestiaux, cours Saint-Jean, construit en 1857.

2. Gare Saint-Jean (Chemins de fer du Midi), située rue Saint-Vincent de Paul, à l'extrémité du cours Saint-Jean. — Les bâtiments consacrés au service des voyageurs ne sont que provisoires; mais les bureaux de la direction, l'économat et les ateliers sont très-beaux.

3. Pont métallique. — Ce pont est jeté sur la Garonne pour relier entre elles les deux voies ferrées d'Orléans et du Midi. Il a 500 mètres de longueur entre la culée de la rive gauche et celle de la rive droite; sa largeur, d'axe en axe des poutres, est de 8 mètres. Les travées sont au nombre de sept : les deux extrêmes ont 58 mètres de portée et les cinq autres 77 mètres d'axe en axe des piles. Le nombre des piles est de six; chacune d'elles est composée de deux énormes tubes en fonte, espacés de 8 mètres d'axe en axe et remplis de béton. L'enfoncement des tubes dans le sol varie entre 7 mètres 50 centimètres et 13 mètres 80 centimètres; chaque pile a environ 10 mètres dans l'eau et 9 mètres au-dessus, à l'étiage.

Le pont est en tôle et en fer, sauf le tablier, qui est en bois, et sur lequel sont posées deux lignes de rails. La dépense s'est élevée à environ 3,600,000 fr. On a employé 1,200 tonnes de fonte pour les piles, et 3,000 tonnes de fer et de tôle pour le pont.

Commencé au mois de mai 1858, ce beau monument industriel a été achevé au mois d'août 1860; sa construction n'a par conséquent duré que vingt-sept mois.

En 1865, on y a ajouté une passerelle pour les piétons, qui n'avait pas été comprise dans le projet primitif, dressé par MM. Bommart, de Laroche-Tolay et Régnauld, ingénieurs de la Compagnie des chemins de fer du Midi, et exécuté par M. Nepveu, ingénieur-directeur de la Compagnie générale du matériel des chemins de fer.

4. Chantiers de construction maritime, situés quais de Sainte-Croix et de Paludate. — On y construit des navires du plus fort tonnage pour compte de l'État et des gouvernements étrangers.

En 1857, l'Empereur de Russie chargea M. Lucien

Arman, un de nos plus habiles constructeurs, inventeur du système mixte (bois et fer), de la construction de deux magnifiques navires. Ce système de construction valut à M. Arman une grande médaille d'honneur, que lui décerna le jury international.

5. Hospice des Enfants assistés, quai de Paludate, 6. — Cet établissement fut fondé en 1624, par Mme Tauzia, veuve de M. de Brezets, conseiller au parlement de Bordeaux, et augmenté en 1652 par Mme de Lestonnat, veuve de M. Antoine de Gourgues, président au même parlement. Il renferme quatre cents enfants environ. Le service intérieur est confié aux soins des Sœurs de Saint-Vincent de Paul.

C'est là que se fit, en 1784, le 16 juin, la première ascension aérostatique à Bordeaux.

12ᵉ ARRONDISSEMENT

Cet arrondissement, situé en entier sur la rive droite de la Garonne, est formé des portions des communes de Floirac, Cenon-la-Bastide et Lormont, annexées au territoire de Bordeaux en 1865.

1. Place Napoléon, en face du Pont. — Elle est vaste et ornée de plusieurs belles maisons.

2. Intérieur du Pont. — En décrivant le pont de Bordeaux dans le 7ᵉ arrondissement, nous avons dit que nous parlerions ici de l'intérieur de cet édifice, qui mérite l'attention du voyageur. L'intérieur des tympans et des reins des arches est évidé par une série de petites voûtes qui permettent de visiter tout le dessous du tablier, de prévenir les dégradations que pour-

raient causer les infiltrations des eaux pluviales et de
les réparer promptement. Les tuyaux d'éclairage au
gaz sont également dans ces galeries. On y entre en
s'adressant au gardien du pont, du côté de la Bastide.

3. Église Sainte-Marie, rue de la Benauge.— Elle
n'est plus suffisante pour la paroisse; on en construit
une autre, plus vaste et plus belle, sur l'avenue de
Paris.

4. Alcazar, place Napoléon. — Ce café-concert, fort
bien dirigé par M. Léglise, dit *Bazas*, est très-fré-
quenté. Il est ordinairement pourvu de bons artistes.

5. Gare du chemin de fer de Paris-Orléans,
quai de Queyries. — Le bâtiment des voyageurs, en
façade sur le quai, est d'un aspect grandiose, bien que
les pavillons soient peut-être un peu lourds. Il est
l'œuvre de M. Ernest Pepin-Lehalleur. Les autres constructions de la gare, qui est très-vaste, sont belles et
bien disposées.

6. Magasins généraux, quai de Queyries.— Compagnie anonyme autorisée à recevoir des marchandises
en dépôt et à délivrer des warrants.

CINQUIÈME PARTIE

EXCURSIONS

I

ENVIRONS DE BORDEAUX

Nous commencerons nos excursions par quelques promenades dans les localités qui avoisinent Bordeaux.

Le Bouscat. — Dans cette commune sont situés : l'*Hippodrome*, où ont lieu, tous les ans au mois d'avril, les courses du département ; et le *Castel d'Andorte*, maison particulière d'aliénés, dirigée par le docteur Desmaisons.

Bruges. — Les vastes prairies de cette commune, bordée par le ruisseau de *la Jalle*, proviennent en grande partie de marais anciennement desséchés ; elles sont très-fertiles.

Caudéran. — On y voit une église nouvellement bâtie, d'une architecture fort élégante, une foule de chalets, de villas, de châteaux modernes et des biens de campagne délicieux.

Cette commune renferme aussi divers établissements publics, tels que les *Deux Ormeaux*, où chaque di-

7*

manche on va se livrer au plaisir de la danse. Les
restaurants y sont nombreux; nous citerons celui des
Frères Arnaud, qui a le privilége d'attirer dans ses salons luxueux et sous ses riantes charmilles, la jeunesse
dorée de Bordeaux. Les restaurants *Olivier* et de la *Salle
des Lilas,* aussi confortables que le précédent, sont
également très-fréquentés.   •

Parc bordelais. — Le Parc bordelais est situé sur
le territoire de la commune de Caudéran, à 2 kilomètres de la place Dauphine. Il a été fondé en 1863, par
l'initiative de quelques habitants de Bordeaux, sur un
magnifique domaine de 28 hectares de superficie,
acheté 500,000 fr. Les fonds ont été réunis par sous-
cription publique. Par décret impérial du 13 août 1864,
une société anonyme a été constituée au capital de
550,000 fr., divisé en 5,500 actions de 100 fr.

Une grande loterie au capital de un million de francs
a été concédée à la société par S. M. l'Empereur. Les
fonds provenant de cette loterie sont consacrés à la
transformation du domaine en promenade publique et
en Jardin d'acclimatation.

En attendant cette transformation, le domaine est
ouvert au public tous les jours, depuis huit heures du
matin jusqu'à la chute du jour. Le prix d'entrée est de
25 cent. Les voitures sont admises au prix de 1 fr.
Deux portes sont ouvertes : l'une sur le chemin de
Saint-Médard, l'autre sur le petit chemin d'Eysines; les
voitures entrent par cette dernière; les piétons, par
l'une ou par l'autre.

Les deux lignes d'omnibus de la Croix Blanche et de
la Croix de Seguey ont leur station à proximité des
portes du Parc bordelais.

Mérignac. — Commune très-importante, où est situé le *Dépôt de remonte.* Il y a une belle église neuve, des châteaux et des villas remarquables, une ruine digne d'attention : *la tour de Veyrines.*

Pessac. — Chef-lieu du canton de ce nom. Très-jolie commune, que la population bordelaise fréquente beaucoup, le dimanche surtout. (Voir ci-après, p. 120.)

Talence. — Il y a une jolie église, placée sous le vocable de la Vierge ; *Notre-Dame de Talence* est l'objet de pieux pèlerinages, qui ont lieu toute l'année, mais principalement au mois de mai.

Le *Petit Collége* du Lycée impérial de Bordeaux est établi dans cette commune, au milieu de riantes prairies et de frais ombrages.

Villenave d'Ornon. — C'est dans cette commune qu'est la *Maison des jeunes détenus,* fondée par Mgr Dupuch ; c'est un très-bel établissement, qui mérite d'être visité. L'église de Saint-Delphin, au Pont de la Maye, est à peu de distance. Le château de *Carbonnieux,* ancien domaine des Bénédictins, qui produit d'excellent vin blanc, est également dans cette commune.

Bègles. — Jolie commune, qui borde la Garonne et renferme des biens de campagne délicieux. Première station du chemin de fer de Bordeaux à Cette.

II

VOYAGE A LIBOURNE

EN CHEMIN DE FER

On prend généralement le train à la gare de la Bastide, mais on s'embarque aussi, à certaines heures, à la gare Saint-Jean.

Lormont. — Première station, à laquelle on arrive après avoir passé sous quatre petits tunnels. On y remarque la poudrière et des chantiers de construction, notamment ceux de MM. Chaigneau.

La Grave d'Ambarès. — On aperçoit de ce point le magnifique pont suspendu de Cubzac, que le touriste devra visiter. — On se rend à Cubzac par des voitures qui stationnent à la Bastide, place Napoléon.

Le pont de Cubzac a été construit par M. Fortuné de Vergès, ingénieur des Ponts et Chaussées. Il a coûté, avec les abords, 4,800,000 fr. et a été livré au public le 1er mai 1840.

Il est supporté, sur une longueur de 545 mètres, par douze flèches, espacées de 100 mètres ; il a 6 mètres 90 centimètres de largeur entre les garde-corps. Sa plus grande hauteur au-dessus de l'étiage est de 28 mètres 80 centimètres au milieu, 25 mètres 50 centimètres aux naissances ; les abords sont formés d'une série de 29 arcades qui se développent sur 200 mètres de longueur. La longueur totale du pont, y compris les viaducs, est de 1,545 mètres. Les câbles en fer qui supportent son plancher sont reçus par quatre obélisques en pierre dure, et par huit colonnes en fonte établies sur les piles.

Saint-Loubès. — On y voit une jolie église, qui date du XIIe siècle.

Saint-Sulpice. — On remarque, dans le cimetière de cette commune, une croix d'assez joli style.

Vayres possède un château seigneurial, qui remonte au XIIIe siècle.

PONT DE CUBZAC

Imp. Aug.ᵉ Delile Bord.ˣ

Arveyres. — A gauche d'Arveyres, on découvre les tertre de Fronsac, où Charlemagne eut un château.

Libourne. — Ville très-ancienne, bâtie en 1286, par Édouard Ier, roi d'Angleterre. Le pont en pierre, sur la Dordogne, construit de 1818 à 1824, sur le modèle du pont de Bordeaux, est l'œuvre de l'ingénieur Deschamps.

L'Hôtel de ville, sur la place de ce nom, est un bâtiment du XVIe siècle. Les casernes de cavalerie sont un fort beau monument dont les Libournais se montrent très-orgueilleux.

On y remarque encore une bibliothèque publique, comprenant 4,000 volumes environ; le théâtre, qui date de 1806; l'hôpital, à la fois civil et militaire, terminé en 1835; les haras; la gare, d'une construction parfaite; l'*hôtel des Princes*, tenu par Descalle.

A quelques lieues de Libourne, se trouve *Saint-Émilion* (1). On y voit une vaste crypte, creusée dans le rocher vers le VIIe siècle, surmontée d'un clocher. d'où la vue s'étend à 20 lieues à la ronde.

On ne doit point quitter Saint-Émilion sans jeter un coup d'œil sur le palais Cardinal, dans le mur d'enceinte, à côté de la porte Bourgeoise.

Cette charmante petite ville est encore célèbre par l'excellence des vins qu'on récolte dans son territoire et et par les fameux *macarons* dits de *Saint-Émilion*.

Coutras. — Cette petite ville se trouve à 16 kilomètres de Libourne, à la bifurcation du chemin de fer de Lyon à Bordeaux; elle est célèbre par la victoire

_____

(1) Voir l'ouvrage de M. Guadet, sur Saint-Émilion, 1 vol. in-8°, avec album; en vente chez Chaumas, libraire; prix : 10 fr.

qu'Henri IV remporta sur le duc de Joyeuse, le 20 octobre 1587. C'est aussi à Coutras que le duc d'Épernon fit amende honorable, en s'agenouillant devant le cardinal Henri de Sourdis, archevêque de Bordeaux, pour avoir enlevé d'un coup de canne le chapeau de ce prélat.

On y remarque deux ponts suspendus, l'un sur la Dronne, l'autre sur l'Isle, ainsi que les beaux moulins de Laubardemont.

III

VOYAGE AU MÉDOC

On se rend dans le *Médoc* par les messageries et par les bateaux à vapeur du bas de la rivière; on peut également y aller par le chemin de fer, mais seulement jusqu'à Moulis, cette ligne n'étant encore livrée que sur un tiers environ du parcours.

Le Médoc constitue cette portion du département comprise entre la Gironde et l'Océan.

Chacun sait que ce pays privilégié produit des vins (1) exquis et dont la renommée est sans rivale. Le voyageur qui traversera ces riches contrées, devra visiter les célèbres châteaux de Lafite, de Latour, de Léoville, de Cos-Destournel, de Gruaud-Laroze, de Mouton, d'Issan, de Longoa, de Palmer, etc.

On peut voir aussi dans le Médoc la petite ville de *Pauillac,* qui mérite l'attention du voyageur, celle de *Lesparre,* chef-lieu de la sous-préfecture, et les clo-

---

(1) Voir l'ouvrage de Franck, *Traité sur les vins du Médoc,* in-8°, Prix : 8 fr.; chez Chaumas, éditeur, 5e édition.

chers d'architecture romane de *Saint-Vivien* et de *Grayan*.

Dans le Bas-Médoc, se trouve *Soulac,* situé au pied de dunes, à 3 kilomètres de l'ancien bourg, enseveli dans les sables. Après avoir été exhumée des sables où elle était engloutie, la vieille église de *Notre-Dame de la Fin-des-Terres,* vient d'être rendue au culte. Depuis quelques années, cette localité possède, au bord de l'Océan, un établissement de bains, qui tend chaque année à se développer davantage et est appelé à rivaliser avec Royan et Arcachon.

Le *Verdon,* un des villages de la commune de Soulac, possède sur la Gironde un petit port qui offre un bon mouillage aux navires retenus par des vents contraires.

IV

VOYAGE A LA RÉOLE

Pour accomplir ce voyage, les moyens de locomotion ne manquent pas. Nous avons d'abord le chemin de fer de Bordeaux à Cette, puis les bateaux à vapeur qui remontent la Garonne, sur lesquels nous nous embarquerons si nous voulons voir se dérouler devant nous un ravissant paysage.

Sur les coteaux de la rive droite, on aperçoit successivement les villages de *Cenon, Floirac, Bouliac* et *la Tresne;* viennent ensuite *Camblanes* et *Quinsac,* bâtis dans des plaines marécageuses, bordées de peupliers; puis *Baurech,* avec sa petite église gothique.

En face de Cambes, se trouve la commune de l'*Isle*

Saint-Georges, qui fut, en 1650, le théâtre de luttes sanglantes entre les Bordelais et les soldats du duc d'Épernon.

Sur la rive opposée, on voit le bourg de Beautiran, septième station du chemin de fer de Bordeaux à Cette.

La Brède, située à 6 kilomètres de Beautiran, renferme une petite église romane d'un joli style et une maison que l'on croit avoir appartenu à l'ordre des Templiers ; mais ce que le touriste doit être désireux d'y visiter, c'est le château où naquit Montesquieu, l'illustre auteur de l'*Esprit des Lois.*

Cet édifice, irrégulier, est entouré d'un fossé rempli par les eaux qui viennent des Landes.

« Ce large canal de ceinture, entouré d'un parapet,
» les ponts à franchir pour arriver au château, l'édifice
» lui-même, dont les constructions de différents âges
» s'élèvent au milieu des eaux, sont de l'aspect le plus
» pittoresque. Les tapis de verdure qui environnent les
» fossés au sud et à l'est, les bois ombreux et les allées
» de charmille qui entourent ces prairies, l'île et ses
» jardins, enfin différentes sources, dont les eaux mé-
» nagées avec goût serpentent autour de cette agréable
» demeure, tout contribue à faire du château de la
» Brède et de ses dépendances un paysage vraiment
» enchanteur. L'intérieur du château n'offrirait presque
» rien de remarquable, si Montesquieu ne l'avait pas
» habité ; mais cette grande salle où l'on voit encore
» sa bibliothèque, la chambre où il reposa. les meubles
» qui furent à son usage, comment y attacher ses re-
» gards sans être vivement ému. sans se sentir péné-
» tré d'un respect religieux ? »

Près de Beautiran se trouve l'ancienne ville de Cas-
tres *(Castrum)*, traversée par la route de Bordeaux à
Toulouse.

Sur la rive droite, on aperçoit les ruines du château
de *Langoiran*. Langoiran possède une petite église romane fort remarquable. Sur la même rive, on trouve
Paillet, petit village témoin des derniers combats du
duc d'Épernon, et *Rions*, avec les ruines d'un ancien
château fort.

Podensac est situé sur la rive gauche, sur la route
de Bordeaux à Toulouse; un peu plus loin, sur la même
rive, se trouve le petit bourg de *Cérons*, renommé pour
ses vins blancs.

Tournons nos regards vers la rive opposée, et nous
verrons *Cadillac*, autrefois chef-lieu du fameux comté
de Benauge.

Cette petite ville est dominée par un château bâti
en 1543, par le duc d'Épernon. « Le grandiose de l'édi-
» fice, ses détails intérieurs, la richesse de ses sculp-
» tures, l'élégante distribution et les décors de ses jar-
» dins répondaient à la fastueuse opulence de son
» orgueilleux fondateur. »

Cet édifice, qui coûta, dit-on, deux millions, fut en-
dommagé pendant la Révolution. Acquis par l'État en
1817, il a été réparé et converti en une maison de détention pour les femmes.

A trois kilomètres environ du château de Cadillac,
on aperçoit la petite commune de Loupiac, avec son
église romane du type le plus pur.

En remontant la rive droite, nous passons devant
Sainte-Croix du Mont, qui fut visitée en 1620 par
Louis XIII. Sainte-Croix du Mont possède un château

fort nouvellement restauré, édifié sur un immense coteau formé en partie de bancs d'huîtres fossiles.

Après Sainte-Croix du Mont, vient le petit port de la Garonnelle. Sur le coteau qui le domine, nous apercevons *Verdelais*, célèbre par les pèlerinages qui s'y font le 15 août et le 8 septembre.

De nombreux *ex-voto*, que l'on voit dans l'église, attestent la piété des visiteurs et la ferveur de leu culte à la Vierge.

De l'autre côté du rivage, on aperçoit *Barsac*, dont le port, à l'embouchure du Ciron, est un des plus importants du pays. Cette commune est citée pour l'excellence de ses vins blancs.

Viennent ensuite *Preignac*, et *Toulenne* avec son ancienne église gothique. Derrière ce village, et à quelques kilomètres, se trouvent les communes de *Sauternes*, de *Bommes* et de *Fargues*, dont le territoire produit également des vins blancs très-renommés.

Le pont suspendu qui nous fait face nous annonce *Langon*, l'*Alingo* des itinéraires romains. L'église de Langon, bâtie par les Anglais au xive siècle, a été restaurée, il y a quelques années, par l'architecte Duphot.

Langon fut dévasté par les Normands, en 853, et souffrit beaucoup aussi pendant les guerres de religion, notamment en 1569 et 1587.

Le chemin de fer de Cette traverse la Garonne à Langon, sur un pont en tôle à trois travées, formé par un viaduc de trente-deux arches ayant quatorze mètres d'ouverture chacune.

Après Langon, vient, sur la rive droite, la ville de Saint-Macaire. Cette ville existait, dit-on, dès le Bas-Empire, sous le nom de *Ligena* ou *Lagena*. L'église.

d'architecture romane, est digne de fixer l'attention du
visiteur. On y voit aussi les ruines d'un vieux château,
qui présente encore un donjon quadrilatère dont les
murs ont 3 mètres d'épaisseur.

Nous arrivons à *Castets* (rive gauche), possédant les
restes d'un château fort, fondé en 1313 par un frère
du pape Clément V.

C'est à Castets que vient se jeter dans la Garonne le
canal latéral du Midi.

Le clocher que l'on aperçoit sur la rive droite, nous
annonce *Casseuil*; à peu de distance du bourg se trouvent les ruines du château des *quatre fils Aymon*,
dont il ne reste plus que la partie inférieure d'une tour
carrée.

Sur la même rive, *la Réole (urbs Regula)*, terme de
notre excursion, se montre à nos yeux.

Les édifices les plus remarquables de cette antique
cité, sont le château des *Quatre-Sos* (Quatre-Sœurs),
dont il ne reste plus que quelques tours découronnées,
et le couvent des Bénédictins. Ce superbe bâtiment,
qui domine la Garonne, est aujourd'hui le siége de l'administration; la sous-préfecture, le tribunal et la mairie y sont établis.

En 1225, la Réole fut prise par les Anglais et reprise
en 1296 par les Français, commandés par le frère de
Philippe le Bel. En 1345, elle résista pendant neuf
semaines aux vives attaques de l'armée du comte Derby.
En 1374, du Guesclin la fit rentrer sous la domination
du roi de France; mais, en 1420, les Anglais la repri-
rent de nouveau. Enfin, elle soutint deux siéges pendant
les guerres de religion qui désolèrent la contrée, de
1562 à 1580,

La Réole possède tous les établissements d'un chef-lieu d'arrondissement. La voie ferrée qui la traverse, les bateaux à vapeur qui se croisent devant son port, et le pont suspendu qui la relie à la rive gauche de la Garonne, sont pour la ville et pour le pays des garanties de prospérité pour l'avenir.

Les frères Fauché sont nés à la Réole.

V

VOYAGE A LA TESTE ET A ARCACHON

PAR LE CHEMIN DE FER DE BAYONNE

L'étranger ne saurait quitter Bordeaux sans visiter les bains de mer d'Arcachon. Peu de temps et peu d'argent lui suffiront pour cette charmante excursion. Le trajet se fait en une heure et demie par le chemin de fer de Bayonne, dont un embranchement aboutit, depuis le mois de juillet 1857, au centre même de la nouvelle ville.

Pessac (1re station). — Cette commune, distante de Bordeaux de 6 kilomètres, produit d'excellents vins rouges. Les vins du *Château Haut-Brion*, 1er crû de cette localité, rivalisent avec les grands crûs du Médoc. Les autres principaux vignobles à citer sont la *Mission* et *Pape-Clément*. Ce dernier tire son nom d'une propriété qui a appartenu au pape Clément V.

Gazinet (2e station). — Village des communes de Pessac et de Cestas.

Pierroton (3e station). — Les routes agricoles de Martignas et de Saucats y aboutissent.

Chemin de Mios (4ᵉ station). — Près de la Croix d'Hins.

Marcheprime (5ᵉ station). — Moitié chemin d'Arcachon. Routes agricoles de Saumos et d'Hosteins.

Canauley (6ᵉ station). — Commune de Biganos, comme les deux précédentes stations.

Facture (7ᵉ station). — Dans les environs se trouve le haut-fourneau de Ponneau.

Lamothe (8ᵉ station). — Point de jonction des lignes de Bayonne et de la Teste. Dans les environs de la gare de Lamothe, se trouve une fontaine dont les eaux ont la propriété, dit-on, de guérir les maux d'yeux.

Le Teich (9ᵉ station). — On aperçoit derrière l'église le vieux château de Ruat, demeure du dernier captal de Buch.

Gujan-Mestras (10ᵉ station). — Établissement de bains chauds et froids assez fréquenté.

La Hume (11ᵉ station). — De ce point, on aperçoit le bourg de la Teste, les dunes, et la magnifique nappe d'eau qui forme le bassin d'Arcachon.

La Teste (12ᵉ station). — Cette petite ville était autrefois le chef-lieu du territoire possédé par les captaux de Buch, guerriers fameux, qui servirent alternativement la France et l'Angleterre avec le plus grand dévouement.

La population de cette localité, chef-lieu du canton, se compose principalement de résiniers et de marins. L'industrie et le commerce s'y développent de plus en plus, et elle prend chaque jour plus d'importance.

Arcachon (gare d'arrivée). — Nous voici au terme du voyage. Arcachon, qui n'était, il y a quelques années, qu'un petit quartier solitaire de la Teste, a été d'abord érigé en paroisse, puis en commune, et il grandit chaque jour à vue d'œil; une seconde paroisse y a été créée en 1870. Plus de vingt mille étrangers s'y succèdent pendant les deux saisons d'hiver et d'été.

LL. MM. l'Empereur et l'Impératrice et S. A. le Prince Impérial ont visité Arcachon au mois d'octobre 1859. L'Empereur y est venu seul une seconde fois, en 1863.

Le bassin d'Arcachon a une superficie de 15,000 hectares à haute mer; il communique avec l'Océan par une large passe que l'on fixera prochainement, et il sera alors un des plus beaux ports du monde : 7,500 navires pourront y mouiller à la fois. Au milieu de cette magnifique baie, existe une île, appelée *île des Oiseaux*, sur laquelle abondent les lapins et les oiseaux aquatiques; on y a récemment établi, de même que sur divers points du bassin, des parcs à huîtres, dont les produits sont excellents.

Les maisons sont construites sur la plage même; elles embrassent une étendue de quatre kilomètres de longueur, et sont adossées à une superbe forêt de pins, de chênes et d'arbousiers. Il serait impossible de trouver ailleurs un lieu plus agréable et plus commode pour se baigner.

M. Emile Pereire et la Compagnie des chemins de fer du Midi, ont créé, de 1862 à 1865, une ville d'hiver, fréquentée aujourd'hui par des étrangers de toutes les nations; ils ont également doté le pays d'un magnifique Casino et d'un Grand-Hôtel remarquable.

La chapelle de Notre-Dame d'Arcachon, objet de la constante vénération des pêcheurs du littoral et de toute la population landaise, sert maintenant d'église

paroissiale ; elle est garnie d'*ex-voto* nombreux, offerts
par les marins échappés à la tempête, ou les malades
guéris par les eaux salutaires du bassin. On y a juxta-
posé une belle église à trois nefs, due au talent de
M. G. Alaux et terminée en 1861. Une autre église
avait déjà été construite, en 1855, dans la partie est
de la paroisse, sous le vocable de Saint-Ferdinand,
patron de S. Ém. le cardinal Donnet, archevêque de
Bordeaux ; elle vient d'être érigée en succursale.

Arcachon est éclairé au gaz, pourvu de bornes-fon-
taines alimentées par un puits artésien, et arrosé pendant la belle saison. Son édilité s'attache avec un zèle
aussi habile que persévérant à en rendre le séjour de
plus en plus attrayant à la société nombreuse et distinguée qui s'y rend chaque année.

Sur la langue de sable qui sépare le bassin de l'Océan,
existe le *phare du cap Ferret*, feu fixe de premier
ordre, d'une élévation de 51 mètres, et d'une portée
de 18 mille ; il a été construit en 1839, par M. Deschamps fils, alors ingénieur du département de la
Gironde.

Nous n'entrons pas dans plus de détails sur cette in-
téressante et pittoresque localité, mais nous recomman-
dons aux voyageurs un livre qui la leur fera connaître
aussi complétement que possible. Il est intitulé : ARCA-
CHON ET SES ENVIRONS, par M. Oscar Dejean. A *Bordeaux*, chez M. P. Chaumas, libraire-éditeur, fossés du
Chapeau-Rouge, 34. C'est le seul ouvrage qui donne sur
le pays des renseignements exacts, sérieux et instruc-
tifs.

VI

VOYAGE A ROYAN

PAR LES BATEAUX A VAPEUR DU BAS DE LA RIVIÈRE

Service quotidien pendant l'été.

Immédiatement après Lormont, dont nous avons déjà parlé, on aperçoit Monferrand, où s'était retiré le comte de Peyronnet, ancien ministre de Charles X.

Après avoir doublé le *Bec-d'Ambès,* lieu de réunion de la Garonne et de la Dordogne, on voit à droite l'ancienne ville de Bourg *(Burgus),* fondée, dit-on, par un des aïeux de saint Paulin. Plusieurs rois de France ont séjourné à Bourg, entre autres Louis XIV, qui s'y rendit en 1650 avec la reine-mère et sa cour.

Le territoire de cette commune fournit au commerce une grande quantité de vin rouge. Viennent ensuite les coteaux de la Roque, d'où l'on tire une grande partie de la pierre dont on se sert à Bordeaux.

Blaye (Blavia), était, comme Bourg, une station romaine ; elle est désignée par Ausone sous le nom de *Blavia militaris.* On y voit les ruines d'un château fort du moyen âge, défendu d'un côté par le fleuve, et des autres côtés par une enceinte crénelée. Il disparut presque entièrement avec trois cents maisons, en 1652, lorsque Louis XIV fit construire, par Vauban, la citadelle que nous voyons aujourd'hui.

En face de Blaye, au milieu de la Gironde, on aperçoit, sur un îlot, un fort appelé le *Pâté de Blaye ;* sur la rive gauche, il y a aussi le fort Médoc.

La première localité importante après Blaye, est Pauillac *(Pauliacum)*, situé sur l'autre rive ; c'est dans cette commune que se récoltent les deux premiers crûs du Médoc, *Lafite* et *Latour*.

Nous arrivons à *Mortagne* (rive droite), qui appartient à la Charente-Inférieure. Cette petite ville était autrefois le siège d'une châtellenie dont la juridiction s'étendait sur six communes voisines.

Après avoir côtoyé les villages de Talmont et de Saint-Georges, on aperçoit *Royan*, le *Novioregum Royanum* des itinéraires, bâti sur des rochers à l'embouchure de la Gironde.

Cette petite ville eut beaucoup à souffrir à l'époque des guerres de religion. En 1622, les protestants s'y étant renfermés, Louis XIII en personne vint assiéger la place ; irrité de la résistance qu'il éprouva, il fit détruire les fortifications qui y étaient établies.

Aujourd'hui, Royan, qui a perdu son caractère féodal, offre en compensation un délicieux séjour pour les bains de mer. La bonté du climat, le pittoresque des sites, la sûreté des plages ou *conches,* la propreté et la coquetterie des maisons, le bon marché de la vie. l'affabilité des habitants, des promenades charmantes, des brises toujours fraîches, de délicieux ombrages, un Casino splendide où l'on danse régulièrement tous les soirs au son d'une musique ravissante, attirent chaque année, pendant l'été, une quantité de plus en plus considérable de baigneurs, et font de cette station maritime l'une des plus fréquentées de la France et de l'étranger. N'oublions pas de dire que Pontaillac, situé à 1,500 mètres de la ville de Royan, et où l'on construit tous les ans de charmants *cottages* recherchés

par les Parisiens, ne contribue pas peu à la vogue toujours croissante dont jouissent ces bains de mer.

Parmi les excursions que font d'habitude les touristes
qui visitent Royan, nous citerons celles à la Tour de
Cordouan, à la Grande-Côte, à la Tremblade et à Saint-
Georges de Didonne.

La *Tour de Cordouan* est un des plus beaux phares
de l'Europe. Un bateau à vapeur et une chaloupe en
font le trajet.

D'après la tradition, le rocher sur lequel la tour est
bâtie, était attenant au rivage ; il en est distant aujour-
d'hui de 7 kilomètres.

Ce phare, commencé sous Henri III, en 1584, ne fut
achevé que sous Henri IV, en 1610, quatre ans après
la mort de Louis de Foix, son architecte.

Cette tour était d'une architecture admirable, mais
elle se détériora promptement ; les murs furent en-
dommagés par les tempêtes ; de sorte que Louis XIV
se vit obligé de la restaurer entièrement en 1665.

Le système d'éclairage, dû à M. Fresnel, fait sa révolution en 8 minutes, et présente pendant cette durée
8 éclats et 8 éclipses. Quatre gardiens sont employés
au service de la tour.

La *Grande-Côte* est une immense plage désolée, fer-
tile en naufrages, et où la mer, que les naturels du pays
ont surnommée la *mer sauvage,* se montre dans toute
son immensité, en temps de calme, et dans toute son
horreur quand l'ouragan l'a déchaînée. C'est sur le
sable de cette plage qu'on trouve ces jolis coquillages
avec lesquels des mains industrieuses et délicates font
des fleurs qui ne dépareraient pas nos jardins, tant la
nature est prise sur le fait.

Tour de Cordouan

La Tremblade, située à l'extrémité nord-ouest de la presqu'île d'Arvert, est une petite ville charmante où l'on arrive après une course d'une vingtaine de kilomètres faite à travers les paysages les plus délicieux du monde. C'est à la Tremblade qu'on élève, dans des parcs, ces précieux mollusques si appréciés de nos gourmets, et c'est aussi de la Tremblade et de ses environs que nous viennent tous les ans ces jeunes et fraîches écaillères, qui auraient bien dû, qu'elles nous permettent de le dire, conserver le bonnet traditionnel.

Saint-Georges de Didonne, en amont de Royan, sur la rive droite du fleuve, est bien le village le plus coquet qu'il soit possible d'imaginer. C'est dans cette retraite, si propre à l'inspiration poétique, que Michelet et Eugène Pelletan vont se reposer de leurs travaux littéraires et méditer de nouvelles productions de leur esprit.

FIN

TABLE ALPHABÉTIQUE

DES MATIÈRES

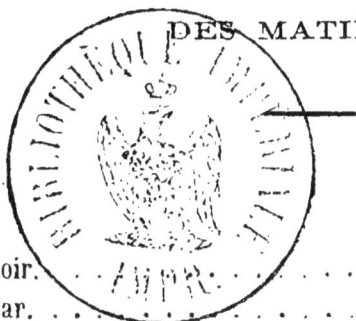

Bordeaux, impr. de J. Delmas, rue Ste-Catherine, 139.

LÉGENDE

du

PLAN DE BORDEAUX

Les chiffres placés au-devant du nom des monuments correspondent aux chiffres portés sur le plan.

1 Chapelle Saint-Louis.
2 Entrepôt des tabacs.
3 Magasin des vivres de la Marine.
4 Manufacture de porcelaine.
5 Réservoir de Bacalan.
6 Église Saint-Martial.
7 Réservoir des Chartrons.
8 Archives du département.
9 Église Saint-Louis.
10 École impériale de dressage.
11 Temple des protestants anglais.
12 Temple des protestants.
13 Entrepôt réel.
14 Bains.
15 Hôtel de la Marine.
16 Raffinerie des poudres.
17 Inst. impér. des sourdes-muettes.
18 Hôtel de la Banque.
19 Église Saint-Seurin.
20 Cimetière de la Chartreuse.
21 Église Saint-Bruno.
22 Réservoir Saint-Martin.
23 Hôtel des Monnaies.
24 Théâtre des Variétés.
25 Manutention des vivres.
26 Église Notre-Dame.
27 Hôtel de l'Académie.
28 Grand-Théâtre.
29 Hôtel de la Préfecture.
30 Hôtel de la Bourse.
31 Hôtel des Douanes.
32 Église Saint-Pierre.
33 Ancienne église Saint-Remi.
34 Hôtel des Postes.
35 Chapelle N.-D. de Bon-Secours.
36 Ancien archevêché.
37 Hôtel des hospices.
38 Ancienne chapelle des Irlandais.
39 Caisse d'épargne.
40 Caserne municipale.
41 Hôtel du général.
42 Archevêché.
43 Cathédrale Saint-André.
44 Hôtel de Ville.
45 Caserne de la gendarmerie.
46 Prison départementale.

47 Palais de Justice.
48 Hôpital Saint-André.
49 Manufacture de laines et tapis de Laroque et Jaquemet.
50 Caserne Ségur.
51 Temple des protestants.
52 Lycée impérial.
53 Église Saint-Paul.
54 Ancien Palais de Justice.
55 Église Saint-Éloi.
56 Église Saint-Michel.
57 Hospice Saint-Jean.
58 Hospice des Incurables.
59 Synagogue.
60 Chapelle Saint-Jacques.
61 Caserne des Fossés.
62 Chapelle de la Madeleine.
63 École de Médecine.
64 Chapelle de la Miséricorde.
65 Chapelle Saint-Joseph.
66 Église Sainte-Eulalie.
67 Caserne Saint-Raphaël.
68 Manufacture des tabacs.
69 Hôpital militaire.
70 Réservoir Sainte-Eulalie.
71 Église Saint-Nicolas.
72 Petit Séminaire.
73 Asile des aliénés.
74 Réservoir du grand Séminaire.
75 Grand Séminaire.
76 Abattoir.
77 Église Sainte-Croix.
78 Hospice des Vieillards.
79 Hospice des Enfants assistés.
80 Chantier du Roi.
81 Gare du Midi.
82 Ateliers de la gare.
83 Église des Carmes.
84 Marché aux bestiaux.
85 Collège de Tivoli.
86 Jardin des Plantes.
87 Cimetière des israélites.
88 Cimetière des protestants.
89 Chapelle des passionnistes.
90 Église Saint-Ferdinand.
91 Chap. du Sacré-Cœur de Marie.

PLAN DE LA VILLE DE BORDEAUX

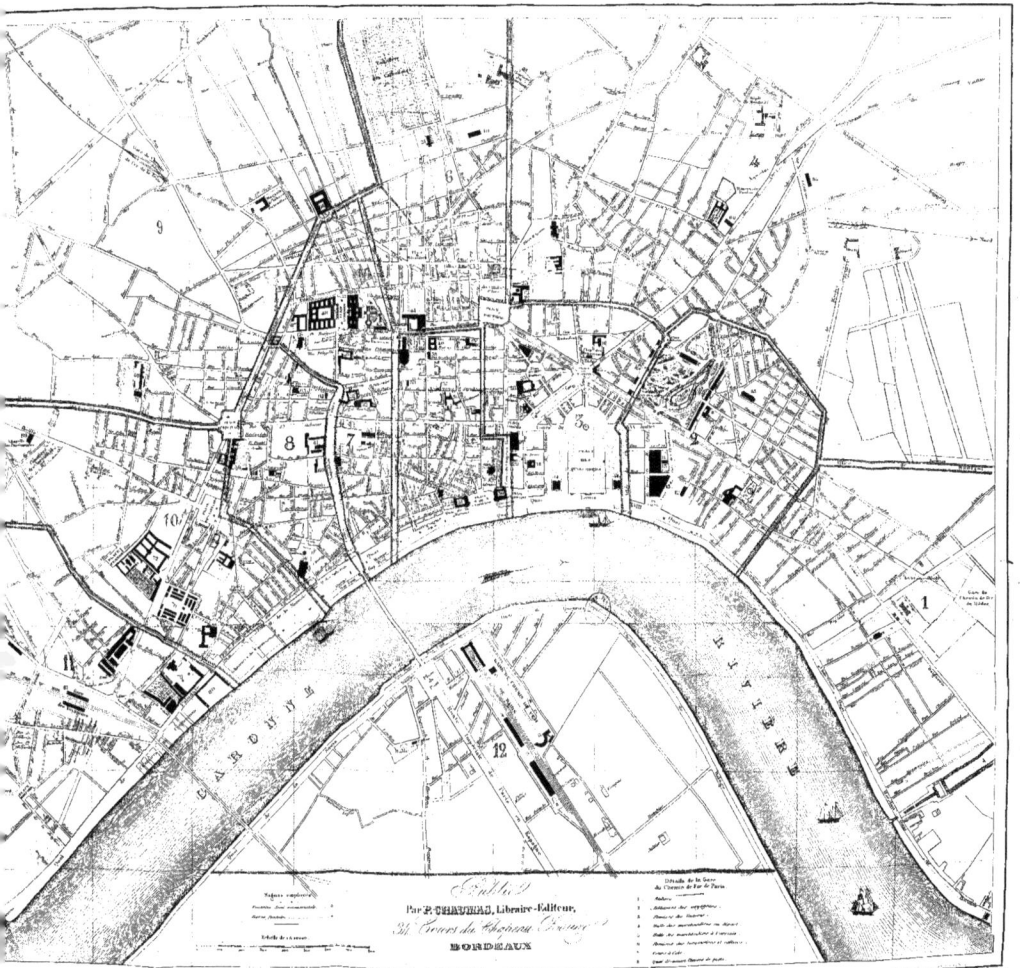

Par P. CHAUMAS, Libraire-Éditeur,

BORDEAUX

PRINCIPAUX LIVRES DE FONDS

TRAITÉ
SUR LES VINS DU MÉDOC
ET LES AUTRES VINS ROUGES ET BLANCS
du département de la Gironde.
Par Wm FRANCK

1 vol. in-8° (6e édition), avec gravures   8f »

Franco par la poste 8 80

TRAITEMENT PRATIQUE DES VINS

SPIRITUEUX, LIQUEURS D'EXPORTATION, ETC.
suivant les méthodes bordelaises
PAR R. BOIREAU

1 vol in-8°, avec planches . . . . 6f »

Franco par la poste 6 80

LA CULTURE DES VIGNES
LA VINIFICATION ET LES VINS DANS LE MÉDOC
avec un état des vignobles d'après leur réputation
PAR A. D'ARMAILHACQ

1 vol. in-8° (3e édition), avec planches. .   6f »

Franco par la poste. . . . . : 6 80

NOTICE SUR LE MÉDOC
Par M. BIGEAT

1 vol. in-8°. . . . . 2f »
Franco par la poste. 2 50

GUIDE
DU CONSOMMATEUR DE BONS VINS
ou Essai sur les produits vinicoles du département de la Gironde
Par J. FERRIER

1 vol in-8°. 2f 50
Franco par la poste. . . . . 3 »

CARTE VINICOLE DE LA GIRONDE
Dressée par M. DUFFOUR-DUBERGIER
Gravée par UNAL-SERRES
Augmentée d'un TABLEAU DU CLASSEMENT DES VINS
arrêté par la Chambre syndicale des courtiers de commerce de Bordeaux

Cet important travail est chose toute neuve, et ne peut qu'être accueilli avec faveur par toutes les personnes qu'intéresse la production ou le commerce des vins de la Gironde. Notre Carte vinicole est la reproduction, sur une échelle réduite, de celle que la Chambre de commerce de Bordeaux a fait dresser, afin qu'elle figurât à l'Exposition universelle de 1855, où elle a accompagné l'envoi de vins fait par la Chambre de commerce, envoi qui a été jugé digne d'une grande médaille.

Les crûs classés du Médoc sont indiqués d'après leur situation topographique, et la classe à laquelle ils appartiennent est distinguée par une couleur spéciale. Ce classement est conforme au tableau dressé par la Chambre syndicale des courtiers.

Les grands crûs de vins blancs ont été l'objet d'un travail semblable.

1 feuille grand-monde, coloriée. . . . . 6f »
Franco, par la porte. . . . . 7 »

L'ANTIQVITÉ
DE BOVRDEAVS ET DE BOURG

Presentée au Roi Charle neufiesme, le treziesme iour du mois d'auril,
l'an mille cinq cens foixante & cinq, a Bourdeaus, & lhors premie-
rement publiée, mais depuis reueuë, & augmentée, & a ceste autre
impression enrichie de plusieurs figures,

PAR SON AUCTEUR ELIE VINET

Ouvrage réimprimé pour la première fois depuis trois cents ans, et précédé
d'une importante Notice de M. Henry Ribadieu, sur Elie Vinet, le collége de
Guyenne, et l'histoire de Bordeaux à l'époque des guerres religieuses.

1 vol. in-4°, broché. . . . . 6f »

(Beau papier, types anciens.)

DESCRIPTION DES ŒUVRES D'ART
qui décorent les édifices publics de la ville de Bordeaux
PAR CHARLES MARIONNEAU

1 vol. in-8°, broché. . . . . 12f »
Le même avec 24 photographies. . . . . 24 »

MUSÉE D'AQUITAINE
PAR LACOUR, JOUANNET, ETC.

3 vol. in-8°, avec figures et planches . . 20f »

(Ouvrage très-rare.)

Librairie P. CHAUMAS, cours du Chapeau-Rouge, 34.

HISTOIRE
DE LA CONQUÊTE DE LA GUIENNE PAR LES FRANÇAIS

de ses antécédents et de ses suites

Par H. RIBADIEU

1 vol. in-8°, broché. . . . . 8f »

HISTOIRE DE BORDEAUX
PENDANT LE RÈGNE DE LOUIS XVI

Par Henry RIBADIEU

Précédée d'une notice sur la statue de Louis XVI à Bordeaux, par J. Dupuy

In-8° (1853) 2f 25

HISTOIRE DE BORDEAUX

Par BERNADEAU

1 vol. in-8°, orné de figures, 2e édition.. 10f »

(Il ne reste que peu d'exemplaires de cet ouvrage.)

HISTOIRE
DES ISRAÉLITES DE BORDEAUX

Par DETCHEVÉRY

In-8°. 1f 25

PORTEFEUILLE DE LOUIS

DESCRIPTION GÉNÉRALE DU GRAND-THÉATRE

In-8°, orné de 14 planches. . . . . 8ᶠ »

HISTOIRE
DE LA VILLE DE LIBOURNE
Par GUINAUDIE

3 vol. in-8°. . . . . 10ᶠ »

HISTOIRE DE SAINT-ÉMILION
Par GUADET

1 vol. in-8° . . . . 4ᶠ »
Atlas pour cet ouvrage. . . . . 6 »

HISTOIRE DES LANDES
Par DORGAN

1 vol. in-8°, 22 figures. 7ᶠ 50

ÉTUDES SUR LES LANDES
Par le baron d'HAUSSEZ

In-8° 3ᶠ 50

STATISTIQUE
DU DÉPARTEMENT DE LA GIRONDE
PAR JOUANNET
AVEC SUPPLÉMENT ET PLANCHES

4 vol. in-4°. . . . . .30ᶠ »

GÉOGRAPHIE GIRONDINE

Pour servir de complément à la **Statistique de la Gironde** de Jouannet
PAR RAULIN
Professeur de géologie à la Faculté des sciences de Bordeaux

1 vol. in-8° (1860). 2ᶠ 50

VIE DE Mᴳᴿ DUPUCH
Premier évêque d'Alger
PAR E. PIONNEAU

1 vol. in-8° (1866). . . . . 6ᶠ »

NOUVELLE GRAMMAIRE ESPAGNOLE
A L'USAGE DES FRANÇAIS, ETC.
PAR BORRAZ
Ouvrage autorisé par le Conseil de l'Instruction publique.

Cinquième édition, revue par M. DE YGUALADA, professeur de langue
espagnole au Lycée de Bordeaux

1 vol. in-8°. . . . . 4ᶠ »
Franco par la poste 4 60

CODE ANNOTÉ

DES SOCIÉTÉS DE SECOURS MUTUELS

des Caisses d'épargne, de la Caisse des retraites et des Caisses d'assurances

Par Oscar DEJEAN

1 vol. in-12, 4e édition (1870) 2f 25

TRAITÉ THÉORIQUE ET PRATIQUE

DE L'ACTION RÉDHIBITOIRE

DANS LE COMMERCE DES ANIMAUX DOMESTIQUES

Par Oscar DEJEAN, ancien magistrat

1 vol. in-12, 3e édition, cartonné. . . . .   4f »

NOUVEAU GUIDE A BORDEAUX

et dans le département de la Gironde

ORNÉ DE VUES ET D'UN PLAN DE LA VILLE DE BORDEAUX

1 vol. in-12 . . . .   1f 50

PLAN DE LA VILLE DE BORDEAUX

Avec les projets d'alignement des voies anciennes
et de percement des voies nouvelles

ADOPTÉ PAR LE CONSEIL MUNICIPAL

2 feuilles grand-aigle se réunissant . .   10f »

Le même, 1 feuille grand-colombier .   2   »

www.ingramcontent.com/pod-product-compliance
Lightning Source LLC
Chambersburg PA
CBHW052055090426
42739CB00010B/2193